LOCUS

LOCUS

LOCUS

LOCUS

# catch

catch your eyes ; catch your heart ; catch your mind……

**catch 33**

**恐龍灣裡自由的魚**

一個25歲女子身體裡的對話

作者：蔡宜安

文字編輯：周文馨

美術編輯：謝富智

責任編輯：韓秀玫

法律顧問：全理法律事務所董安丹律師

出版者：大塊文化出版股份有限公司

台北市105南京東路四段25號11樓

www.locuspublishing.com

**讀者服務專線：0800-006689**

TEL：(02) 87123898　FAX：(02) 87123897

郵撥帳號：18955675　　戶名：大塊文化出版股份有限公司

e-mail:locus@locuspublishing.com

行政院新聞局局版北市業字第706號

版權所有　翻印必究

總經銷：北城圖書有限公司　　地址：台北縣三重市大智路139號

TEL：(02) 29818089 (代表號)　　FAX：(02) 29883028　29813049

製版：源耕印刷事業有限公司

初版一刷：2001年 5 月

定價：新台幣 180 元

ISBN 957-0316-66-7

Printed in Taiwan

# 恐龍灣裡自由的魚

一個25歲女子身體裡的對話

蔡宜安◎著

**國家圖書館出版品預行編目資料**

恐龍灣裡自由自在的魚/ 蔡宜安著. — 初版— 臺北市：
大塊文化，2001〔民 90〕
　　　　面；　公分.(catch；33)

ISBN　957-0316-66-7 (平裝)


544.142　　　　　　　　　90004993

## 收到出走的明信片

## ✉ Email 17個想法給出走

## 相知相惜的一生朋友

出走與我住在同一副身體裡，在不同的情境下，我們輪流主宰著這副身體的心靈與四肢前進。

每當不安的因子躍動，我們就會在某個掙扎或衝突裡相遇。

第一次見面是在國小四年級，我們年紀都還小。

出走決定要和爸爸媽媽弟弟到歐洲去，那麼遙遠陌生的地方！

我的心裡卻覺得很不安，因為會錯過第二次月考，也就錯過一次與老是同我搶第一名的男生一爭高下的機會。

出走後來還是去了，在17個小時的飛行裡吐得七葷八素！但，他很快樂，每每說到白金漢宮前交換衛兵的黑高絨帽和工整的機械步伐，便十分地眉飛色舞！

我們在相互學習的過程裡一起成長。

出走像一個詩人，他渾身佈藏著所有敏銳的浪漫因子，與隨時滿溢的各色情緒。

我，是一個戰士。戰士不知道什麼叫做後退或逃避，只是不停地揮動著劍與盾。

詩人有時也勇敢，戰士有時也多情。

只有出走真正知道我的劍術功力，也只有我能綁住出走隨時想要脫軌的靈魂。

我們體貼又珍惜著彼此，分享彼此的成功，釋懷彼此的心虛，安撫彼此的疲累，體諒彼此的脆弱。

不常見面，卻這般心意相通。

擁有出走，我很幸福。

工作

**親愛的工作：**

　　清晨八點左右搭上從柏林南下的火車，我比預定的計劃晚了一天到達漢堡，因為實在貪戀柏林的風華。

　　火車上與我同坐的是一位全身Burberry 行頭的德國上班族男子。

　　我止不住好奇地從他的手錶、袖釦、領帶，到手上的大衣細細觀察，並開始在心中默算著經過匯率、稅金、折扣的加減乘除後的總金額。

　　這位男子禁不住我的眼光，放下報紙和我攀談，但他很快就下了車，並祝我旅途愉快。

　　有錢，真好！

　　我開始列下用錢可以完成的許多夢想，然後發現，有錢，其實可以買到好多的快樂！

初春的阿斯特湖畔

這就是你爲什麼需要每天汲汲營營，泅游進取的原因罷！

　　下了火車，我就身處在漢堡龍蛇雜處的紅燈區，雖然事先就已知道（旅遊指南上有註明），但眞的到了，還是有一些害怕，尤其在身旁有人同你說一些你完全聽不懂的話（我不知道該不該慶幸自己不會說德語），經過飄著酸臭的、濕濕的路和莫名奇妙的笑臉與眨眼（我承認自己已成驚弓之鳥）！

　　但貪圖方便經濟，與對自己藝高膽大的信心，我仍選擇在離這裡不遠的旅館休息。

　　放完行李出門，正準備拿出地圖邊走邊看，好查出現在的位置，和往最熱鬧的那條shopping大街的方向。

　　一輛藍灰色的賓士停在我面前，駕駛座上是一個落腮鬍，所以一時也看不出年紀。

　　他把車門打開，等在那裡。

　　我覺得有些怪異，不理他繼續向前走，卻沒料到他仍緊隨在後。

初春的阿斯特湖畔

　　天哪！也不知自豪的膽子去那兒了，我開始小跑步，看到block就轉彎不敢停，直到確定安全了才喘了口大氣！

　　赫然發現對街也有一輛淺褐色的賓士停了下來，街旁一位金髮女子上了車。

　　春寒料峭，金髮女子身上卻只有內衣和敞開的大衣！

　　我原來被人當作妓女，而且是個「物以稀為貴」的中國妓女！

　　穿過shopping 大街，應該就會來到阿斯特湖畔，我驚魂未定，突然失了方向。

　　想找個路人問路，此刻卻不太敢。

　　在十字路口，一位嬌小的老太太看見我不知所措的臉孔，走來問我需不需要幫忙。

　　老太太的英文很糟，她費力要讓我明白她的話，但我實在聽不懂是要往那裡轉。最後老太太決定自己帶我到阿斯特湖去。

初春的阿斯特湖畔

我很不好意思地跟在她後頭，她不時回頭向我微笑，也許想同我說話，但不能用德語，是件痛苦的事。

　　走了近20分鐘（我竟然耽誤了人家20分鐘！）老太太停下來指指前方，表示目的地到了。

　　我一直道謝，真不敢相信能遇到這樣好的人！

　　沒想到老太太非常嚴肅地，慢慢對我說：「不要謝謝我，如果有一天，我到了你的國家，碰到困難，我也希望能得到幫助。」

　　我會一直牢牢記住這句話，牢牢記住這份援手的溫暖，然後隨時準備把這份溫暖轉送出去。

　　深秋蕭瑟，阿斯特湖定期的游湖船暫告停擺，但海鷗天鵝依舊尋尋覓覓，或走或飛，妝點出另一番靈活。我啃著佈滿松子的德國硬麵包四處遊蕩，麵包屑隨意一拋，可以換得爭先恐後的鴿子匐匐；照相機裡留住了鍾情的建築物與風景，偶爾也留住一些不知所措的陌生面孔。

初春的阿斯特湖畔

漢堡的市政廳正在維修，在層層鷹架的堆疊裡只能窺出一角的壯麗莊嚴。我拿著旅遊指南上的照片對比想像，流連不去。

　　「漢堡的市政廳正在維修」，這可能只是今日早報上一則不顯眼的標題，漢堡的市民也許會在經過市政廳的時候抱怨，工程的塵土污濁了空氣。

　　我呢，會覺得可惜。因為我匆匆來去。

　　悵然地踱回旅館，等待明日清晨往南的火車，明日，我將再往南去。

　　旅行裡的意外，竟就在這麼一個下午裡，洶湧而來。

思念的出走

初春的阿斯特湖畔

# 一片白的尼加拉瀑布

**親愛的工作：**

這是一場怎樣的狂放壯闊啊！

昨天在幾近夜晚的時分到達尼加拉鎮，長途舟車的勞頓，夜色深重的籠罩，在昏沉中，我只注意到了鎮旁霓虹閃亮的笙歌賭場。

但持續深沉的狂洩聲，就是這麼尾隨敲打我的心深！

原來單單與瀑布的聲音相傾，竟也有「不知人面，卻仍見桃花」的美妙！

今日我迫不及待起了大早，用兩杯滾熱的咖啡暖醒了沉睡的腦和胃。

三月的加拿大依舊清冷，街角樹叢仍殘存著積雪；積雪，滑人的。

a brave, a player, a sculptor
seek for faith, hunt for flickering smiles, win an encore

## 一片白的尼加拉瀑布

我就站在瀑布前，尼加拉瀑布前。

只能目不轉睛，我發現了自己的無限深情。

峻險的岩塊攀爬出驚人的立體！大自然是一位怎樣的雕塑師呢！祂在這樣的季節裡，選擇讓瀑布呈現著半冰半水的風采！

凝結成冰的，彷彿是在剎那間僵固成形的。水好似還著急地俯衝卻突地停格，水流的波動被保存起來。

依然是水的，仍舊大片的、洶湧的，一波波的、不停歇的，用力、專一。

站在瀑布緣端的坡頭，看著厚實的水流順著同一方向，由緩到急的往下跳躍，我惑然於那一洩千里的背後，蘊藏著多驚人的力量！

從坡下，從塔頂看尼加拉，風景是不一樣的，所以幾乎每一刻都是驚喜。這多像我們的人生！

來世上走一遭，我們其實一生面對同樣的風景。

只是當我們愈爬愈高，角度愈漸寬廣，映入眼簾，留在心裡的，也就不一樣了。

接近正午開始溫暖，冬天的陽光！

一對新人正站在瀑布前拍照，我突然想到，以天地為證的海誓山盟！

穿著無袖薄紗的新娘握著花束，在四度的氣溫下，笑得如此燦爛飛揚。

我替她覺得寒冷，也替她覺得溫暖。

因為冬季，尼加拉瀑布最有名的，能在瀑布間穿梭的遊船停駛，讓我無緣靠近一

a brave, a player, a sculptor
seek for faith, hunt for flickering smiles, win an encore

睹新娘瀑布的嬌羞神采。

　　但我還是那麼幸運，我的旅遊記事本裡留著一張照片。

　　白雪皚皚的山頭下，白霧迷濛的瀑布前，白紗的新娘，與我的笑臉。

　　那一刻，是特屬於我的鮮活。

　　我衷心的感謝曾經領受這般的奇蹟。

**思念的出走**

a brave, a player, a sculptor
seek for faith, hunt for flickering smiles, win an encore

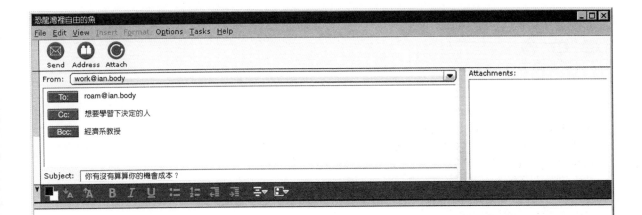

File   Edit   View   Insert   Format   Options   Tasks   Help

Send   Address   Attach

From:   work@ian.body

To:     roam@ian.body

Cc:     想要學習下決定的人

Bcc:    經濟系教授

Attachments:

Subject:   你有沒有算算你的機會成本？

**Dear 出走：**

我們的好朋友琪琪從紐約回來，然後石破天驚的宣告：「我決定要到美國讀心理碩士！」
我只說，如果你想清楚了就去。
其實我想說的是，如果你算清楚了就去。
機會成本是我在經濟學裡學到的，第一個也是最實用的觀念，不論在辦公室、百貨公司、捷運站、或是家裡，
只要是關於做決定的大事，我都會先算一算，釐清自己理性和感性的比重。
機會成本就是把所有可以影響行為的因素：有形、無形、情緒、脾氣…等等，通通量化再加總。
今天在color 18的專櫃面前看到一件非常時髦的毛領外套，我一直在考慮，要不要把信用卡遞出去。
外套的標價是5880元，打了七折後是4116元。4116元是我看得見的成本，但我買下這件毛領外套的機會成本是
多少呢？
首先，因為要到SOGO去沒有直達公車，所以我坐上計程車，花費135元。
然後，因為逛街，會錯過JET的日本偶像劇，而我認為的偶像劇價值是100元。（如果是〈鐵獅玉玲瓏〉的話就
值200元！:)）
最後，我買了新衣服回家，必遭媽媽猛唸一頓，長達20分鐘，這一番嘮叨可值3000元。

下一頁

所以一共是4116＋135＋100＋3000＝7351元

最後我選擇買，因為不買的機會成本更高。

如果今天是平常的一天，我就坐上公車回家，吃飯、看電視、聽音樂、睡覺。我可以不用花任何錢，被媽媽照顧得好好的。但是，我不買這件衣服的內心掙扎反覆煎熬呢？值2000元。

這件衣服可以搭配我的皮裙和千鳥格褲，讓我可以變換出至少2種新造型呢？值3000元。

穿上這件衣服可以贏得多少羨慕的眼光呢？值3000元。

我佔到7折便宜的竊喜呢？值500元。

不買的機會成本總共2000＋3000＋3000＋500=8500元。

8500＞7351，成本愈少愈好，所以我就義無反顧了。

（或者簡單一點說，你所有想買的欲望有沒有超過花7351元的？如果慾望較大，表示成本較大，你該選擇成本較小的，也就是花7351元才划算。）

組成8500元的因素很無形，都是我會產生的情緒反應，我非常看重心靈的滿足，我是奢侈、不理性、不實際！但是有知覺的。

當然每個人所列出來影響機會成本的因素並不一樣，有人內心煎熬少一些、計程車資高一點；有人還要多考慮男友的態度、小孩的學費、衣櫥內的容量，有人並不在乎別人的讚美…等等等，而你的機會成本，別人也往往無法算出，因為那是你的自我評估，在衡量過所有選擇在你心中的價值之後，你會明白決定是保守還是冒險，即使最後依然衝動犯下錯，你還是知道原因並已了解可能的代價，你也知道如何調適自己學習成長。

從我知道機會成本開始，我就不斷練習：參加什麼社團？要做Marketing還是Finance？要不要出國讀書？去應徵那家公司？該不該跳槽？我愈來愈有信心，因為我知道，每個決定背後，都是周詳完備的思考。

我常常做決定，常常算機會成本，如果累積所有的決定，我可以約略歸納出我行為的模式，我更了解我自己。

（當然我不會對每一個決定都費盡心思，搞得自己精神衰竭，喝牛奶或豆漿？都可以啦！:)）

有時候我會很努力改進自己，有時候歲月的累積，挫折的磨鍊也在不知不覺中幫我升級！

 下一頁

如果我是琪琪（當然我並不是琪琪，所以她算出來的機會成本必然和我算出來的不一樣！），我會開始想：

遠距離的戀愛多少錢？上補習班考GRE多少錢？紐約食宿多少錢？照顧年邁生病媽媽的心思多少錢？如果兩年留在台北上班賺多少錢？兩年後的前景值多少錢？

這份習題要考慮得真多，一時還做不完呢！

琪琪必須很清楚，她是爲了什麼去，爲了什麼不去，她要爲決定負責。

我打算明天call她。

突然想到一個問題：

如果快樂可以包括所有美好的情緒（像幸福滿足感動之類的），那麼在你的每一趟旅行裡，快樂可一定是最貴的了！用錢可以買到快樂！我倒覺得是一個好交易。

**Miss 工作**

工作語錄5：人生一遭，快樂至上。
工作語錄6：寸金買快樂，快樂勝光陰。

 上一頁

**親愛的工作：**

　　這裡是箱根，靠近富士山的一個溫泉小鎮。

　　我在換上和服拖鞋後走進澡堂，清晨六點，澡堂內空無一人。

　　天寒的時候，泡湯很舒服享受。

　　池裡的溫泉水氤煙飄渺，初初開始有些不適應，會因為怕燙而大叫，但當身體的溫度和水的溫度達到相容與平衡，我不自禁的閉上眼睛，在肌膚與熱與氣的接觸裡逐漸地放鬆。

　　泡湯樂不一定要關係到養顏益壽；養顏益壽，還需要持續和恆心。

　　偶爾的飛鴻雪泥就可以是鮮明的回憶。

　　窗外的富士山白雪皚皚，黃金比例的錐體，不論在任何的角度都是那樣美麗。隨著太陽的昇起，山後的灰濛終於換了佈景，換成一片藍天閃耀。

　　我感到驚喜。

　　這樣看著富士山是如此清晰如此靠近，彷彿彌補了每每在蜿蜒山路下，行動的車子裡，眺望漸行漸遠的富士山的遺憾。

矗立遠方的黃金富士山

在車子裡看富士山感覺很慌張，應該有一刻靜止的時間，與山相望。

　　在匆匆的日子裡我們少有選擇停下來的時候，美好的事物會讓人想停下來，但最怕的，莫過於反而停不下來。很不喜歡去承認人生有時候的無可奈何，簡簡單單的事竟也可以難如登天。

　　好比在車子行駛時看風景，風景只在眼前飛過。

　　流動的風景就是抓不住。不僅是照相機抓不住，連心頭上的那隻五爪怪獸也抓不住。

　　五爪怪獸的名字叫貪婪，是我每次旅行不經意卻必會帶在身上的寵物。捨不得永久束縛牠，也可能因為相信自己能控制牠，我總任性地隨牠放肆，因為多數的時候，貪婪只被允許偷偷存在或不能存在，但牠早就存在並一直伺機而動。

　　墊起腳尖把窗子偷偷打開一些，不想讓玻璃隔在自己和富士山之間。我在池子裡感受不到屋外的冰寒，但凝望富士山，竟生起一股清涼。

　　富士山和藍天，就這麼被抓牢。

　　泡完溫水池，在熱水池裡加速血液的活絡，我的毛細孔開始跳躍運動，臉上逐漸冒出了滴滴汗珠，接著往冷水池。痲痹

矗立遠方的黃金富士山

的，熱氣蒸騰的皮膚似乎不是那麼怕溫差，一陣直透腦門的寒冷讓我徹底的舒爽清醒。

泡完湯帶著紅通通的臉，清亮的眼睛，我好似洗出了一個新生！

然後饑腸轆轆發現自己餓了，在食堂裡就著醃漬的黃瓜，我稀哩呼嚕的吃著熱茶泡飯，清清的熱茶與晶瑩的飯粒在筷子的攪拌下入口，有一股淡淡的香甜。

兩碗茶泡飯暖呼呼地在胃裡，這一刻，儘管盤著的腿覺得有些酸，我還是很想雙手合十大喊一聲：「我好幸福！」

**思念的出走**

矗立遠方的黃金富士山

**親愛的工作：**

　　現在是下午六點，在航行的飛機上，前方的螢幕告訴我現在正離地面有三千九百英呎，我實在無法想像，那是怎樣的高…

　　在候機室的時候，我看見了灰濛的天色和不停歇的雨，台灣的天氣這般不好，我竟像傻子般有些慶幸要逃離飛去。其實香港，離家這麼近的地方，也無法還我一個春暖如花的啊！

　　只是對於每次離家，總會有特別的期待！

　　我要在香港兩天，渡過耶誕前夕。

　　想看看滿街的燈火，看看洶湧的人潮，看看灣仔那棵矗立的白色聖誕樹！

　　曾經來來去去香港那麼多次，你，了解香港嗎？

　　我想你會這麼告訴我：香港人喜歡喧嚷，連餐館裡瓷盤湯匙，都喜歡碰撞出聲；香港的菜單喜歡寫得冠冕堂皇，但真點了，卻老是發現叫錯菜（我實在忘不了，有一次你看到的菜名：彩蝶鬼馬粉條，那是什麼樣的菜呢？）地鐵四通八達彷彿就是人的雙腳；香港人的精明與物盡其用最讓你嘆服，幾近散佈在四處的廣告：地鐵的燈箱、建築上的海，和隨著雙層巴士流竄的醒眼訊息。

　　每次都是你來香港，開會、採購、受訓、談生意，然後抓緊每個空檔血拼。

a brave, a player, a sculptor
seek for faith, hunt for flickering smiles, win an encore

彌敦道上萬家燈火

香港，只是另一個要坐飛機才能到的辦公室。

　　這次，是我來香港，沒有帶文件、行動電話、手提電腦和化妝箱，我要在香港機場拿份導覽，認認真真研究一下地鐵，和那些不是地鐵可以到的地方。

　　我想要看著地圖慢慢摸索，找到最有名的鏞記酒家，大快朵頤金牌燒鵝；我想去大嶼山，因爲港劇裡的情侶都會到那兒海誓山盟，我想去賭馬，想搭乘最後一班天星小輪從灣仔回尖沙嘴看燈火看星光。

　　我也希望在血拼時，可以從從容容地奢侈，奢侈到感覺手軟和愧疚！

　　因爲很在乎旅行的時候能夠發生多少驚喜，驚喜之後又有多少體會，所以我只是單單純純的，準備做一個在香港旅遊的人，像初來乍到，即使每條街道的呼吸都那麼熟悉，常光顧

的店家老板依舊會給我親切的微笑！

　　在屬於你的記憶的帶領之下，我將要來到香港。

　　機長宣告著飛機即將落地，現在是晚上七點半，我可以坐上機場快捷晃到九龍。香港的夜，正醒著…

　　非常謝謝你！你的記憶，讓我的旅行可以比較得心應手。

　　心情很新鮮，但步伐卻識途老馬。

彌敦道上萬家燈火

天氣冷的話，也許到怡園吃一碗暖到心窩的魚片粥，走累的話，許留山可能是歇腿的地方；不過這回，我想試試雪蛤燉奶的味道。

　　好像感覺到，我又來了，和我終於來了。

　　這樣一顆起起伏伏的心，讓我的世界，再度生氣了起來。

P.S親愛的工作，這一次，我也要到你上回無意發現的那間「星加坡餐廳」去！也一樣要去坐〈心動〉裡，金城武向梁詠琪求婚時坐的那張檯子，也一樣要去看看窗上的人工瀑布，也一樣要點浩君點的「香煎咖哩雞」，不一樣的是，我會去拍張照片回來。

**思念的出走**

a brave, a player, a sculptor
seek for faith, hunt for flickering smiles, win an encore

彌敦道上萬家燈火

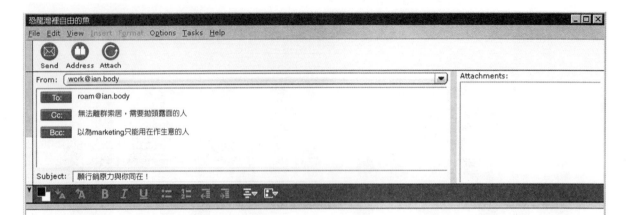

File Edit View Insert Format Options Tasks Help

Send  Address  Attach

From: work@ian.body

To: roam@ian.body

Cc: 無法離群索居，需要拋頭露面的人

Bcc: 以為marketing只能用在作生意的人

Subject: 願行銷原力與你同在！

**Dear出走：**

去年在Jeff家過中國新年，你記不記得你煩惱著要穿什麼衣服，要帶什麼禮物？因為你不想丟面子、失禮數，面子與禮數，是中國人最看重的東西。

最後，怕在美國買不到好茶葉，所以在這裡就把凍頂烏龍準備好，連同一件紅毛衣一起裝進行李箱，往舊金山飛去。

後來在你的明信片裡，你說你的凍頂烏龍大受歡迎，Jeff的媽媽還一直問你貴不貴！和一群還有著點鄉音的叔叔阿姨圍坐著談湖南浙江和台大，你用心的聽並保持笑容，說再見時不忘也說謝謝！

你的結論是，和長輩一道相處，好溫暖舒服，Jeff說大家都挺喜歡你。

我的感想是，你應該沒有說黃色笑話和髒話吧！:)

我的真正感想是，你成功的塑造並傳遞了一個你認為是這些爸爸媽媽叔叔阿姨所期望的形象，你的supply符合他們的demand，就行銷的觀點，我要為你鼓掌！

人生處處是行銷的戰場。如果你不懂行銷，你會經常漫無目標、橫衝直撞；如果你不懂行銷卻自然而然的在運用行銷，你可能尚未發揮最大效益；如果你學了行銷而只把它放在書本裡供著，你就太暴殄天物了！

行銷最基本的定義就是：針對顧客的需要，提供適當的產品或服務來滿足他們。

爸爸媽媽叔叔阿姨所期望的形象在此就是顧客的需要，至於是哪一種需要呢？你需要做市場調查（market research）來幫助你。

 下一頁

File Edit View Insert Format Options Tasks Help

Send　Address　Attach

市場調查資源從那裡來呢？從你的爺爺奶奶叔公嬸婆那裡來。你做什麼事說什麼話他們覺得你最貼心可愛？你也可以從過去的經驗、現在的觀察，和書本上的知識來判斷。第一次到朋友家你會準備什麼？中國人喜歡什麼？過年的風俗是什麼？有沒有那些話最好要說或一定不能說？你也可以想想電視連續劇是怎麼演的。狠心的惡婆婆為什麼都會被笑裡藏刀的大媳婦騙？正義善良的小媳婦為什麼不討人喜歡？有些人性，不必論斷對錯都是相通的。陳腔濫調裡也可能有大學問！（感謝日常生活裡還有電視連續劇能供我們研究人性。聽說最近流行韓劇，更證明人性的世界大同！:)）

接下來你會歸納出一個清楚的形象：乖巧聽話、輕聲細語、不標新立異、不譁眾取寵。

於是你開始製作你的產品。

你選擇了紅毛衣而不是紅網襪。

你帶著茶葉而不是巧克力。

你順著老人家的意，嘴巴很甜；你在廚房幫忙和收拾碗筷。

爸爸媽媽叔叔阿姨所期望的形象被滿足，你的產品成功、目標達到，行銷徹底完滿的被執行。

三歲的小娃兒想吃糖，他可以選擇乖乖把飯吃完、不亂丟玩具、大哭，或是把弟弟的糖搶走來達成願望，端看他怎麼衡量他跟爸爸媽媽的需要。

立志要做富家少奶奶的人，要先了解富家少爺需要什麼樣的太太，接下來再開始訂策略，譬如塑身整形、一頭烏溜溜的長直髮、時髦卻不招搖的裝扮，勤跑官邸、牛奶（Pub的名字）；用倩碧的happy香水取代香奈兒的 N°5 ，（你想要吸引的是富家少爺而不是富家老爺！:)）當然，我不是富家少奶奶也不是富家少爺，更沒做過market research，策略可能錯的十萬八千里！

唸小學時想要當模範生（你可能要開始想想老師喜歡，同學崇拜哪一類型的好學生。）長大了怎麼追女朋友（你可能要買通佳人身邊的死黨，怎樣才能打動她的芳心。如果她喜歡小平頭的俐落，就千萬別刻意瀟灑灑的把那頭木村拓哉式長髮在她面前甩來甩去。）畢業了得寫出一份最讓主考官滿意的履歷表（公司需要的是什麼樣的人材？你可以用那些方法表達你就是適當的人材？）在商場要如何搶到最大的生意（面對潛在客戶，你要如何表現出你對他們的通盤了解？就好像你是公司的一份子，你是一位真心想要解決問題的朋友。）做marketing的工作要如何寫出最好的plan，讓消費者被催眠，自動掏出腰包？（別忘了有時候你也是消費者，說服別人前得先過自己這關！）

 下一頁

Send  Address  Attach

行銷的背後是一個完整的邏輯思考，行銷的精粹不是如何show yourself，而是如何hit the target。

行銷的最大挑戰，也是最迷人之處在：如果你可以完全掌握顧客的需要，以你的能力卻無法100％滿足它。這很像是「資源有限而慾望無窮」。

1、你可以提供65％的滿足，創造35％的假象。滿足有風險，你無法確定成功可以持續多久。（你的行銷道行愈高，你就愈可以處理百分比占愈重的假象！）

2、你可以消滅其他能提供100％滿足的人，使需要的標準下降。維持滿足很辛苦，你必須一直消滅。

3、你可以宣佈放棄，放棄不等於無能，只是你會少了鬥志！

我曾經想要申請一所知名法國學校的MBA，他們的要求有很多，其中一項是TOFEL必需630分以上。除了這一項，我認為我有可以努力滿足需求的空間。當學校代表來台灣時，我向他尋求協助，並提出我其它的保證。

他萬分抱歉的告訴我，TOFEL成績是篩選的第一關，如果未到標準，application form就直接被放在一邊。

我可以理解這樣的堅持，也清楚知道自己決不願意再考一次TOFEL，所以就放棄了！雖然我曾經也努力試圖要製造假象！

對於我來說，行銷可以幫助我少花力氣在沒必要的事上。有了行銷的觀念，我至少知道我「在做對的事do the right things」，也許「把事情做對do the things right」需要智慧經驗的累積，需要技巧需要運氣，但，我是穩穩地從50％向100％往上爬！

我的志願從不是成為一個行銷大師；行銷是一門複雜的藝術，我還在深海裡泅游！

我只是喜歡尋找每一個把行銷落實在生活的可能，然後發現自己可以因為「知己知彼」而勝券在握，信心滿滿！

May the Force of Marketing be with you！

**Miss 工作**

工作語錄13：行銷原力會讓你成為地球上的絕地武士。
註：地球人必須被訓練成為絕地武士，以對付無所不在的黑暗勢力。

 上一頁

**親愛的工作：**

柏林動物園裡的獅子，真是讓我印象深刻！

我是先聽見叫聲的。牠的吼叫聲響遍整個動物園！

然後看著牠就在小山坡上繞來繞去；長這麼大才明白：為什麼獅子是萬獸之王？

那麼不疾不徐地步伐，那麼地昂頭挺胸，原來這就是王者的優雅！

從小累積的印象就是：動物園裡的動物幾乎都是不會動的；老師的理由不外是：牠們要多眠，或者天氣太熱牠們太懶。

可是在柏林動物園裡，不但每種動物都生龍活虎，而且都離我好近。我可以看著牠們，如此如此地清楚，清楚到我有點擔心，這樣的距離會不會有危險？會不會根本關不住動物的？

（我實在很想問問規劃動物園空間的設計師，為什麼能讓我們產生這樣近的感覺？或者是不是因為動物們都在我們眼前活動著，可以讓人感到充滿生命力的親近！）

所以當我經過長頸鹿時，會覺得害怕；看到企鵝時，會覺得醜陋；繞到海狗的旁邊，會停下來不想走。近著看，群聚著的長頸鹿原來那麼高壯，咀嚼樹葉的模樣原來那麼兇殘；剛游完泳上岸的企鵝，原來嘴巴那麼尖那麼紅；在一旁呼呼大睡的海狗原來那麼

柏林動物園的狂嘯獅子

肥，當牠吸氣時，整個肚子脹起來，足足是呼氣時的兩倍！

　　我的身旁是一個約莫8歲的小男生，他也和我一起站在海狗邊上好久。是不是也想把海狗看起來很粗很硬的鬍鬚數完呢？

　　在園內的長椅上坐下，打開剛從超市買的，正熱著的烤豬腳和肉丸子。我準備享用午餐。

　　樹叢旁有窸窣的騷動，原來是隻小小的梅花鹿在窺探呢！另一隻松鼠，一蹦一蹦地攀上了樹幹；對面的小城堡裡，纖細的四隻長腿跨了出來，看起來是隻溫馴的羊罷！（這裡的每種動物，都有一間獨一無二，色彩鮮明的城堡為家，光是欣賞城堡，就已經目不暇給。）枝頭有枯葉落下，我聽見鳥兒拍翅的聲音……

　　我的四周環繞著許多雙好奇的眼珠，有的和我的對上，有的四處轉動，對不起！我的午餐是葷的。牠們是在好奇，這從未聞過的香味，嘗起來不知滋味如何？還是怨懟，我的豬腳，破壞了這裡的素食空間？

　　在露天裡和動物為伍之後，我進入昆蟲館。昆蟲館有五層，裡面不全是昆蟲，但琳琅滿目裡，我只記得看見了各種水母和各種蟑螂。

　　四散著像鮮花盛開的水母、閃著幽幽螢光的水母、透明輕盈，承不住一隻羽毛的水母……

柏林動物園的狂嘯獅子

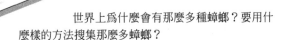

　　　　　　　世界上為什麼會有那麼多種蟑螂？要用什
麼樣的方法搜集那麼多蟑螂？

　　著迷於水母的美麗，我忍不住用了照相機；雖然明知是拍不
出那種驚豔的！至於那些蟑螂，就很抱歉了，即使隔著玻璃牆，我還是
感覺噁心到底，於是逃了出來！

　　在昆蟲館外吁了口氣，心裡還是很感動著設立昆蟲館的用心和苦心。

　　準備離開動物園時，我只有一個想法：生在柏林的孩子真幸福，有這樣一個動物園陪
著他們長大！

　　推開轉門，我再度聽見獅子的吼聲，彷彿又看見了牠對天咆哮的猖狂！

　　我相信牠是在同我說：後會有期！

　　後會有期！

**思念的出走**

柏林動物園的狂嘯獅子

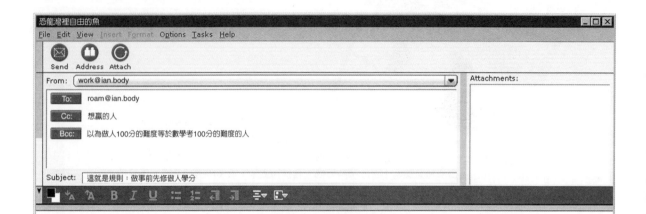

From: work@ian.body

To: roam@ian.body

Cc: 想贏的人

Bcc: 以為做人100分的難度等於數學考100分的難度的人

Attachments:

Subject: 這就是規則：做事前先修做人學分

**Dear出走：**

我是一個永遠想贏的人，從小在家和弟弟比背唐詩時就開始顯露這種天性。

性子急、不太注重過程太注重結果，老擔心時間不夠、沒有把握的比賽絕不參加、參加了的也馬上退出另覓戰場。

輸贏的標準自己訂，我承認有時是輸了，表面上嘴巴很硬，心裡面卻懊悔沮喪的不得了。

離開學校後，我到了一個不再是用白紙黑字就可以說明白的世界，剛開始，我非常慌張。

我在我的第一家公司上班時，第二天在廁所裡無意聽到同部門的兩位資深大姐在抱怨和我同期也同齡的新進同事。她們的批評毫不留情，其中一位大罵那位新進同事反應慢、學習不專心、要講好幾遍，又愛表現，什麼都要問、都要做，還做不好。另一位除了大聲附喝外，還做了一個倒楣到家、部門不幸的結論。

她們不知道我也在，我也不好把門打開走出來，只好等著，很擔心她們接下來要輪到說我，更震驚她們在我們進來才第二天，厭惡就已那麼深。我的心跳一直加快，手心一直冒汗！

後來回到辦公室，我竟然發現，那兩位資深大姐正在對那位新進同事噓寒問暖，鼓勵她慢慢來、好好加油！

我當時真的愣住了！我真的無法把剛才的話和現在溫柔慈祥的笑臉配在一起！我衝到廁所大哭！

 下一頁

Send  Address  Attach

那一天我幾乎都在哭！打字打一半眼淚就掉下來，眼睛腫得妝也遮不住，因爲害怕，我成了驚弓之鳥，看誰都覺得怪怪的。

（從此以後我看那些間諜片，對於在花盆樹堆後偷聽卻老被抓到的女主角，多半能抱持比較同情的態度！:)）

那是我一生受到的一個重大影響，我學到「做人」比「想要贏」還重要；做人，是這個世界裡必修的學分。

「初等做人學」教授如何在人群裡學會「想要贏」的經驗，如何「想要贏」並在人群中不被排斥。

「中等做人學」教授如何與「想要贏」的人相處，競爭，和共同合作。

「高等做人學」教授如何領導「想要贏」的人和「不想要贏」的人，如何讓「想要贏」的人和「不想要贏」的人和平相處。

「基本做人原理」教授如何做人不要太假太做作，如何做人不要失敗到被別人在背後罵到臭還不自知。

這個世界比學校還殘酷的地方就是，學習並沒有按步就班。你的「初等做人學」要和「中等做人學」、「高等做人學」、「基本做人原理」一起修，而且修不過要一直修，你不能退選。

我的前任老闆曾告訴我：「skill我可以慢慢教你，但mature我不能教你。」

一個人的mature要自己修。

學做人很像在學穿衣服。

這個世界逼迫我們不停地穿衣服，一開始是爲了怕冷到、怕被害到，或是穿上不合尺寸、不合季節的衣服要脫掉重新再來，後來是因爲看別人一直穿所以輸人不輸陣；或是已經習慣不停地穿衣服而重複同樣的動作以彌補假想的安全感。

我不知道我已經穿上了幾件衣服？有時候我以爲穿得夠多了，卻突然被一場鬥爭的冰雹凍傷，只好趕快再加上一件厚大衣。

穿得夠不夠？穿得對不對？我還是很懷疑，不過總要在冷了的剎那才知道。

我還是一個永遠想贏的人，還是性子急，不太注重過程太注重結果，還是不參加沒有把握的比賽。

但我努力修鍊的方向不再一樣，因爲輸贏標準再也不是簡簡單單就可以明白。

下一頁

在聖經舊約裡是這麼說的：『快跑的未必能贏，力戰的未必得勝。』這再也不是一個用功把習題全部做完就可以考滿分的戰場。

把習題做完只是「想要贏」的最基本的條件，你還要會做人。也許踩著別人往上爬；也許握著別人的手一起跑；也許拿著別人的劍向前衝。最重要的是，你要學會忍耐和微笑。

忍耐和微笑會贏來時間與機會，時間與機會是任何一個「想要贏」的人不可或缺的刀劍。

忍耐和微笑的功力不夠，時間與機會自然鑄不成好刀劍！（甚至鑄不成刀劍）

關於我的功力嘛！我只能長嘆：「人在江湖，繼續鑄劍，寶劍未成，繼續再鑄！」

出走，我想這應該是──當我想要做一個比較真實，比較自由的自己時，就去找你的原因罷！

**Miss 工作**

工作語錄43：我們努力做人，小時候是為父母的期望，長大是為自己的理想。

 上一頁

**親愛的工作:**

　　大約三點左右，羅湖商業城裡的店家突然通通拉下鐵門。

　　我正在一家專賣號稱LV仿冒A級貨的店家，仔細研究皮革的氣味、內裡的觸感、和Logo的對稱，聽到店外一陣人群的疾走聲，正在招呼我的年輕小妹，就迅雷不及掩耳地把燈關了店鎖了。

　　「海關來了！」她小聲地說著。

　　店內只剩我一位客人，我，自然是被關在裡面！年輕小妹叫我別急、慢慢看，如果我想出去了，她會把門打開。

　　我十分驚訝她的神色自若，世故老練。

　　「沒關係的，海關上班時間是兩點半到五點半，只要到五點半時就可以再開門了。」

　　愣愣地看著她，年輕小妹對於「海關突擊查緝」的狀況一點也不擔心，果真「上有政策，下有對策」。

　　我彷彿看見「貓捉老鼠」的定律在上演。

　　貓永遠是老鼠的天敵，但貓無法以食鼠為生，因為貓很難抓到老鼠。

　　老鼠知道自己的天敵是貓，心裡非常畏懼貓，所以用盡一切方法保護自己，讓貓抓不

羅湖車站　大廈櫛比鱗次

到。

　　老鼠其實熟悉貓，貓其實並不那麼希罕老鼠。

　　於是這個世界上，貓多半在吃魚、貓罐頭，或剩菜殘羹，然後鼠輩多半可以橫行。

　　但「貓捉老鼠」是一個攻不破的公認理論。

　　理論有理論的神聖，但距離現實總遠了一點，所以我們還可以在理論和現實的誤差裡，保留嘗試探險的機會，和品味好玩新奇。

**思念的出走**

羅湖車站　大廈櫛比鱗次

## 黃金海岸　海天一色

**親愛的工作：**

我希望年老的時候，可以像現在這樣，只是在沙灘上悠悠晃晃，在所有的流動裡，只是一具靜止。

黃金海岸（Gold Coast）的那片沙，是這樣的潔白無瑕！

潔白得好想去親近，好想要脫下沉重的鞋子放膽地踩上去，我可從不曾這樣勇敢洒脫的啊！

這裡的天地，才叫做真正的一望無際。

這裡的沙灘一望無際，沒有糾結的藤蔓水草，千瘡百孔的鵝卵石堆，和時隱時現的寄居蟹，你可以掬起一握手的沙，感受粒粒珍珠的細細溫柔。

這裡的海一望無際，遠方是無波的安靜，近處是淺浪的低吟；大塊的藍平淡著一股動人的深沉。

這裡的天一望無際，伸展著海水的藍，沒有一絲的白雲叨擾，你無法找出界限的，彷彿在亙古混沌之初，海就是天，天就是海。

偶爾三兩海鷗白色平行的飛翔，只是證明了在劃過空氣時這地球依然轉動。

清晨五時，我站在這片天地忍不住大叫，然後藉著回音計算世界盡頭的遠近與方向。

清晨的沙灘感覺寬闊，初昇的陽光準備要將存釀了一夜的溫度緩緩釋放。

沙灘上有人蹓狗慢跑，也有人只是為著

吸進一口乾淨的氧。

　迎面來了一位老人，突然拿出一顆看似無奇的石頭放在我的掌心。他很認眞的叮囑我，好好保存它，它是一顆幸運石。

　我有些愕然，對於這天外飛來的禮物。

　看著他遠去的背影，記著他認眞的眼睛，我竟是緊緊握著那塊石頭。

　從來沒有一個地方能讓我感覺到這般的平靜，我就想在這裡終老一生，也無風雨也無晴。

　從黃金海岸到坎培拉，從與袋鼠驚叫追逐到觀賞純熟的剪羊毛秀，在同樣時區的南北半球來去，我的心裡卻只留著這一段精彩。

　回到酷熱悶濕的家，解開滿滿的行囊，

a brave, a player, a sculptor
seek for faith, hunt for flickering smiles, win an encore

我會先找那塊石頭，我那一路行來，小心翼翼收藏的石頭。

　也許每個人解讀人生每一個片段的方式，眞的並不一樣。

　我，用自己的方式記錄自己的刻骨銘心。

　我的刻骨銘心在那顆石頭裡。

　石頭裡的，是曾經在我心裡，人生最動人的一段風景。

　我想當你手握著它，也會心靈相犀罷！

**思念的出走**

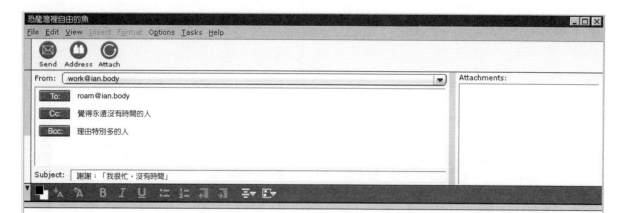

**Dear出走：**

當我們需要理由的時候，多半因為真相需要掩蓋。

「我很忙，沒有時間」是我最常用的理由，不論推拖或拒絕，或自我安慰。

「我很忙，沒有時間」還可以重覆使用，而不造成「狼來了」的副作用。

也暗自慶幸大家基本上都認同「我很忙，所以沒有時間」這個假設。（基本上也不一定是大家都認同這個假設，而是大家都需要這個假設，所以要護航到底。）

也感謝大家基本上都練就的高涵養，不會認真解剖「我很忙」的具體成份。忙的定義是什麼？行事曆會議記錄攤開來說！「沒有時間」的定義是什麼？空不出五分鐘？「差不多先生」敦厚地教導我們，不用那麼傷感情。

去年五到八月大概是我活到現在最忙的時刻。永遠不在位子上，答錄機留言已滿但不敢聽；常常要故意把手機關掉然後推說收訊不好；會議室裡有三組人馬來找我，三組人馬都不相干，但我請求他們一起來比較省時。我時常在辦公室跑來跑去，講話愈來愈快，愈來愈口吃，很怕自己突然精神分裂，瘋了！

上班前回家後的時間，我的腦子一直在動，眼皮一直在抗拒地心引力，怎麼過的也不清楚。

所有的朋友都向我抗議：「你怎麼那麼忙？你很難找你知不知道！」

可是我真的忙到沒有時間嗎？我每天一定抽空check email，沒有任何一封遺漏過，也一定可以爬上床睡覺。仔細想想，我，也許不能算忙。

實際上，我總還是有時間的。只是那些時間大部份我分給了自己：看電視、逛街、睡覺、閉嘴休息。我，不想

 下一頁

把時間通通分給別人。

所以，我只好說：「我很忙，沒有時間。」

因為我不能說：「我很自私，不能分時間給你。」、「我不覺得你有那麼重要，所以不想分時間給你。」或者更殘忍一點：「對不起，我的時間已分給了別人，所以無法分給你！」

你有沒有覺得好險！人與人之間的互動，對方無法知道彼此內心真正的想法，只能看見臉部練習好的表情。

有人說這是人類所有衝突的根源。如果一切清澈透明，人類會因無所遁形而不敢做壞事。

可是這也算老天賜給人類的特別禮物。我們可以利用它保有自尊，同時不傷害人。

因為常常用「我很忙，沒有時間」來抵千軍萬馬，所以當聽到別人也說：「我很忙，沒有時間」，我在一開始會非常嗤之以鼻。藉口！藉口！藉口！

對，那一樣是我的藉口。

想想這句話背後的情緒可能是愧疚心虛，也許我該培養警覺，並好好檢討：如果多些體貼，雙方的下台階不就造好了？

於是我心照不宣，反而會對這個「同是天涯淪落人」微笑，「沒關係，下次記得要打電話給我。」

我很喜歡這樣客氣有禮的回話，把「我很忙，沒有時間。」的句點，改成了分號，接連了另一個續集的開端。開端不論好壞，至少有著希望和期待。

我很忙，沒有時間；沒關係，下次記得要打電話給我。

當我真的接到電話時，感動喜悅之餘我會說服自己，再相信天下真有老實人，再相信「忙會忙到沒時間」一次吧！

當我沒有接到電話時，我會心懷坦然，算了別太介意，這是報應，誰叫我佔盡「我很忙，沒有時間」的便宜呢？

**Miss 工作**

工作語錄23：請珍惜每個可以說理由的機會，理由，是利用語言的最高藝術。

 上一頁

**親愛的工作：**

　　從聖地牙哥往下過邊境，就到了墨西哥的小城市——提瓦納（Tijuana）。

　　去之前詢問當地的朋友，竟歸納出一個惡名昭彰的結論：提瓦納很亂、墨西哥人很會騙人，要小心！

　　於是我去的提心吊膽！

　　在聖地牙哥的舊城（old town）就已開始漫延的墨西哥味道，在提瓦納終於找到源頭。

　　什麼是墨西哥的味道？我只是感覺。

　　懶懶的風、近近的日光、微飄的塵沙、樸舊的小房、鮮辣的corn chips和salsa…反正和羅迪歐大道（Rodeo Drive），中國劇院的感覺很不一樣。

　　Avenida Revolucion，提瓦納的主要大道，煙霧迷漫，來往的車輛喇叭響亮。

　　走在大街上的、小巷裡的，大概全是觀光客。觀光客的四周，圍繞著手臂掛滿珠鍊的小販和黏人的孩子。被那樣的簇

被塗上七彩以供照相的提瓦納驢子

擁，並不顯得高貴。

　　從街頭開始就有金銀閃亮的首飾攤等著我。一位
經過的觀光客和我說：「別心急！第一家是最貴
的。我昨天就來，整條街都走過了！」眞糟糕，我
的心急怎會這樣明顯！

　　墨西哥人帶著笑臉，把「哈囉」用他會的語言
全說一遍。我對於這樣的招攬方式其實避之唯恐不
及，但只是遠遠看著那些華麗的銀飾，心裡就覺得喜歡。

　　挑選得好累，乾脆蹲在地上，墨西哥人看我挑了那麼多，準
備全力奉陪，把所有沒擺出來的全攤在地上。這時候，如果可
以用新台幣交易就好了，用美金來回叫價都得在心裡快速換
算，臉上還不能顯出猶豫，因爲「墨西哥人很會騙人」！

　　不知道是墨西哥人會作生意還是台灣人會作生意，只是在這
裡，一副金耳環可以從150美元起價，25美元成交。

　　150元美金，是在店家裡的墨西哥人非常愼重的拿出計算機，
在我面前按出金重，按出單價，按出一堆其它乘數，最後再按
出一個85折才得來的。不想數計算機的螢幕上是由幾個零刪成

被塗上七彩以供照相的提瓦納驢子

兩個零的，只告訴他太貴我不買。也不想牽拖太久，我正掉頭出門，沒料到他竟追出來，「小姐，那你想要多少？」

最後我自以為得意的付了25美元，但後來回聖地牙哥還是被笑冤大頭！當然，我也就更不敢拿其它的戰利品：手環、項鍊，和七個墨西哥小木娃娃來獻寶；幸好最後沒買一把墨西哥小吉他！

如果說逛街閒晃在這裡是女人的權利；那麼看脫衣舞孃秀就是男人的權利。

說起提瓦納的脫衣舞孃秀和夜間酒吧，是會讓男人睜亮眼睛，會心一笑的。

同行的兩個年輕小弟弟說什麼一定要去看秀，於是大白天的，就被兩個墨西哥人拉進一間黑漆漆的屋子。他們臨走時，還詭異地笑著說待會兒見。

20分鐘後我看見兩張怒氣沖沖的臉。

原來墨西哥人一進屋就表示要收錢。他們掏出一張20元給墨西哥人，墨西哥人拿了又還給他們，說這是1元不是20元。

20元被掉包了。

被塗上七彩以供照相的提瓦納驢子

兩個年輕小弟弟氣急敗壞地表示：「絕不可能！」這時幾個墨西哥人圍過來。

　　要打架嗎？誰怕誰？年輕人眞是天不怕地不怕，好在喝美國牛奶人高馬大，瘦小的墨西哥人並不敢招惹。

　　最後他們沒看到脫衣舞，也沒拿回20元，被一大群墨西哥人「請」了出去。

　　我只能拍拍他們的肩膀，安慰他們：「活著回來就好！」

　　這裡不是家鄉，雖然也有人有街道，但每個人心眼難測，每條街道也不知會通向何方。我們別以爲自己可以老馬識途。熟悉，需要長時間的累積。

　　這裡不是家鄉，除了家鄉以外的世界，都算是陌生的地方。

　　還是如履薄冰些，過紅綠燈時，明明綠燈，也先左右張望一下罷。

**思念的出走**

被塗上七彩以供照相的提瓦納驢子

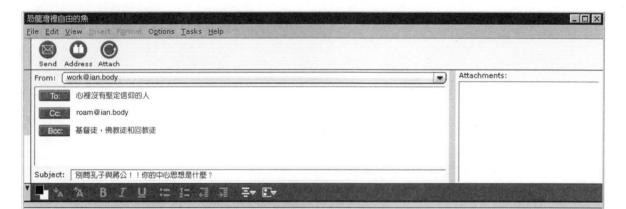

File　Edit　View　Insert　Format　Options　Tasks　Help

Send　Address　Attach

From: work@ian.body

To: 心裡沒有堅定信仰的人

Cc: roam@ian.body

Bcc: 基督徒，佛教徒和回教徒

Subject: 別問孔子與蔣公！！你的中心思想是什麼？

今天接受好朋友的邀請去參加他教會的活動，因為他說他要上台表演。

只是單純的要去看表演，但活動過程中，我卻因為在台上見證的兩個女生，而哭得很厲害！

其實真相是，耶穌基督並未感動到我，感動我的，是這2個女生因為執著信仰而苦盡甘來的結果。耶穌基督感動了她們，而且發揮了力量。

我真心替她們高興，能找到讓自己永遠面向陽光的信仰，是一件很難得很幸福的事。

我想到了自己與觀世音菩薩。觀世音菩薩是我的中心思想（我喜歡說中心思想而非信仰，因為中心思想是不限於宗教的）。

考完高中聯考是我一生中最失意的時刻。因為數學的荒腔走板沒有辦法穿上綠衣黑裙，我是怎樣的氣與怨憤！然後有一天，我在行天宮裡拿了一本大悲咒，回家後就開始唸了起來。

像浮木一樣抓到了依靠，我相信觀世音菩薩。在未來的日子裡，我常常會對自己說話：「別害怕！這是菩薩給你的考驗，這是你前世的業障，菩薩會保佑你。」

別問我為什麼相信！宣化上人會這樣回答你：「當你有一天明白你為什麼不知道我為什麼相信時，你就會明白我為什麼知道我為什麼相信！」

什麼讓你深信不疑？什麼讓你無畏無懼？那就是你的中心思想。

我相信中心思想可以幫助我們度過懷疑、沮喪、不安和悲傷——生命裡最可怕的敵人。因為這些情緒而衍生出的行為，往往在醜化你的人生（你可以不相信，但是你有沒有平順度過懷疑、沮喪、不安和悲傷的方法？喝酒、抽煙可不可以是中心思想？應該不能算！如果你會發酒瘋，肝肺又特別脆弱的話，它們並不是平順的方法，而且有時還讓你愁上加愁）。你可以有很多選擇，你也可以是無神論者，你也可以信你自己！

 下一頁

只是你最終要能平靜自在喜樂！平靜、自在、喜樂，是人生裡最珍貴的情緒，我們已習慣在高高低低起起伏伏裡打滾，很少時候可以接受翹翹板成一直線！

中心思想可以轉化外來的千斤壓力，可以讓內心最深的地方徹底休息，成為一潭靜止的湖水。

中心思想可以是精忠報國，浩然正氣，可以是孔子的仁心，當然也可以是以牙還牙，以怨報德⋯只要你在你的中心思想之下平靜自在喜樂，我還是強調平靜自在喜樂，這點也只有你自己能體會。

如果你的中心思想無法幫助你帶領你，使你完完全全的信服，你最後可能會選擇遺忘或丟棄！

我的中心思想讓我知道未來的路上有很多阻礙橫行（不如意的事算算還真不少：工作上的、家庭上的、愛情上的、學業上的，再加上一個昏天黑地的股市！每當夜深人靜或一個人的時候想想，我承認我的憂心害怕。）但我不會選擇逃避（可是我會想辦法少摔一點或摔輕一點！:)），觀世音菩薩教導我以一顆贖罪悲憐的心渡一切苦厄，就如同耶穌基督會帶領信徒祈禱：「請相信耶和華的愛！祂將引領你到你該去的地方！」

中心思想撫慰你的心也控制你的行為，不讓你傷害自己傷害別人。

對於自己的中心思想，你可以覺得它很私密，你也可以選擇和大家分享。因為不願左右他人，所以覺得私密；因為與人分享，所以真理愈見開明。

只是中心思想能否堅定不破，需要的是感同身受、心有靈犀，而非外面聲音的鼓動叨擾。

從我們出生，這世界就動亂著。中心思想是飄蕩靈魂的依歸，你的中心思想告訴著你生命的意義和生存的目的，你應該要為自己的生命與生存下註解，而不是只會背誦蔣公的生存與生命。

道理很簡單！蔣公的中心思想不一定是你的。

你有自主的權利過自己的人生，其實這一點是很寶貴的，別浪費了！

P.S
Dear出走，請別驚訝我的中心思想，我只是希望每個人都能找到自己的中心思想並深信不疑，最後被帶領到更好的地方去！

工作

工作語錄2：中心思想能賜予你神奇的力量，讓你便成神力超人！男女皆宜。

 上一頁

**親愛的工作：**

　　接近傍晚時分，我在庫瓦魯瓦牧場（Kualoa Ranch），小木屋的外廊上有小木椅可歇腳，還有蒼蠅三兩嗡嗡相伴。

　　庫瓦魯瓦牧場在夏威夷，電影〈侏羅紀公園〉就是在這裡取景拍攝的。

　　〈侏羅紀公園〉是我們共同最喜歡的電影。我們都深深地認為也深深的相信，人類創造奇蹟的能力，在這部影片裡留下了美好的痕跡。

　　依然記得，當成群嘶吼的暴龍彷彿迎跨越螢幕迎面奔來，那一刻我竟有想哭的衝動！孩提時代的故事書，學校裡的地球科學課本，甚至是博物館裡的那座模擬骨骼，突然一切都真實鮮活了起來！想像的翅膀終於可以落地，時空之間失了焦距，讓好遠好遠變得好近好近…

　　當我搭著簡陋遮陽篷的遊覽車駛進了一片壯麗遼闊，莫名地又拾起了那份熟悉的感動…

　　終於來了！

　　七月的天空藍的嚇人也澄靜的嚇人，炎熱乾燥的氣候讓人覺得永遠在缺水，但一切在這裡都顯得那麼自然，你應該穿著牛仔褲，戴著牛仔帽，吆喝著你跨下的馬兒往前走…

　　這裡的群山也是雄偉的嚇人，不需要攝影機剪接師的精心巧手，不管從那一個角度望去，都是那樣的渾然天成！你可能會心慌，或者驚嘆，原來「大」的意義，其實並不是那麼容易懂的。

　　我忍不住的閉上眼，在偶來的輕風裡，開始想像恐龍群從遠

庫瓦魯瓦牧場的群山環繞

方而來的轟隆聲響，電影裡的片段清晰地在腦海中播映，驚恐奔逃的表情，兇殘嗜肉的迅猛龍……

憑弔與緬懷總是比身歷其境容易，如果一隻恐龍就這麼活生生地在身旁，我簡直無法想像自己的害怕！

〈侏羅紀公園〉把「真實」去蕪存菁，於是，在看電影時我心裡滿懷感激！

紀曉嵐在《閱微草堂筆記》中記述過，在西北方的沙漠，出現了「像人一樣能直立走路的大四腳蛇」。

紀曉嵐看到的是不是恐龍？在戈壁那樣封閉，而又沒什麼重大地質變遷的地方真的有恐龍嗎？

紀曉嵐會不會只是對後人開了個玩笑？

我想，我永遠會對這個未解的謎團，抱持著高度的興趣，就像我一直盼望，有朝能親見在尼斯湖畔探頭呼吸的水怪！

人生裡總會有許許多多夢想，這些夢想和平的排隊等待被實現！

一部電影，一處嗅得出原始的牧場，我圓了一個從小就一直存在的，有關於恐龍的夢想，也說不出這樣的一個夢想到底是什麼，只是覺得滿足與快樂。

夢想無關乎對錯，所以不需要專家背書、科學驗證，只有私人情感上的完滿。

夢想不一定會以固定的、被預期的方式被實現，這就是人生的驚喜處處！

**思念的出走**

庫瓦魯瓦牧場的群山環繞

**親愛的工作：**

　　從傍晚到夜晚，在赤蠟角機場候補機位，候補到最後一班飛機，仍然客滿上不去。

　　這就是香港和台北的距離，與高雄和台北的距離有何差別！車子，並不能在每個不會太遠的地方，當歸心似箭的情緒發生時，都適時發揮功效。

　　我還是得認命地，再等明天一早的飛機。

　　真要命！已經11點半了，能到那裡休息？回市區，太遠！過境旅館，太貴！我似乎沒有什麼選擇。

　　竟然要在飛機場過夜了！

　　每次在機場看見睡在候機長椅上的人（那種一人占三張椅子，橫躺著的那種睡），都讓我聯想到流浪漢、無家可歸，和破壞空氣清潔、環境美觀，因而產生可憐又可惡的情緒。

　　這次我要可憐又可惡自己。

　　活到現在，我還有一次睡在候機長椅上的經驗。

　　在巴拉哈斯機場（Aeropuerto de Barajas），因為玩太累了，儘管再30分鐘就要登機，也忍不住直接拿起手提軟包當枕頭，被叫醒時嘴角還掛著口水…

　　這次的睡和上次的睡是大大地不同。

赤蠟角機場候機室一隅

上次的睡，和清醒之間近乎沒有距離，累了睡，醒了登機，我在夢裡看不見路人好奇不解的眼光，也顧不到自己的面子和心態。

　　這次的睡，和清醒之間，有著很長、很長地距離。

　　我，訕訕地，不安心。

　　明天，肯定是黑著兩個眼圈上飛機了。

**思念的出走**

a brave, a player, a sculptor
seek for faith, hunt for flickering smiles, win an encore

赤蠟角機場候機室一隅

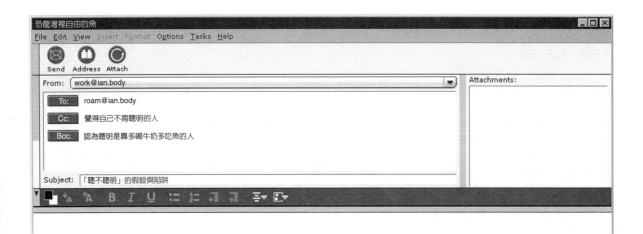

**Dear**出走：

有一道清大推甄的口試考題在轉寄的信件中流傳著：
「只移動一個數字（不能移動符號）使下面式子成立。
$101-102=1$。
沒有人在推甄中把答案解出來，聽說一位在新竹工作的工程師想了兩天兩夜，
你要不要試試看？」
因為這個問題被認真的討論，而出現了以下幾個有趣的結果：
自以為該想出來的人想不出來，批評題目神經無聊。
自以為該想出來的人想不出來，表示他們也可以在兩天兩夜中想出答案，但他們不會這樣浪費時間。
想不出來的人把問題forward給他們認為應該想出來的人。
想出答案的人會得到「真是聰明」的讚美。
該想出來卻沒有想出來的人會被笑笨。
倒推結果回去，這樣的狀況存在一個若P則Q的假設：P是聰明的人，Q是把答案解出來。
只有聰明人才能把答案解出來。

 下一頁

Send　Address　Attach

從這些結果裡，我們可以看見社會裡約定俗成的觀念規範，是如何嚴重的在影響我們的生活。

什麼樣的人可以算是聰明的人？

反應快、學歷高、成績好、吸收力強的人是聰明的人。從孩童時代的學習過程裡，老師父母朋友一直在教育我們怎樣定義聰明。我們學習的歷程有多長，被根深柢固灌輸的時間就有多長。

或是工作重、事業大、財富多的人是聰明的人。成功奠基於聰明，我們不夠聰明所以不能那樣成功，這是一個自我原諒與釋懷的好方法。

聰明等於萬能，以致於聰明人被高度或過度期望。

而這裡所衍生出的迷思是：聰明人的定義是否禁得起考驗？聰明等於萬能是不是陷阱？

在日常生活裡我們常聽到類似的話：「你去問XXX啦！他唸到博士一定很聰明，所以這個他一定會！」

博士、聰明，萬能都是非常沉重的負擔，負擔背後還有更嚴格的審判標準！

我一直認為做一個學生，把書唸好，只是一種負責任的行為，成績單文憑獎狀是負責任的結果。在我們每一個階段的人生裡都有不同的任務要完成，做學生認真讀書，是把自己份內事做好。負責任的態度不一定會在那一個階段養成，有人出社會後在工作上體會到，有人在為人父母時體會到，只是愈早對「負責任」開竅，未來的道路會愈早清楚分明。

「負責任」和聰不聰明並沒有關係。

這樣的盲點發生於我們在學習的階段裡，沒有訓練出反芻的能力。

如果聰明是帶著佩服的讚美，那麼在危機狀況下所展現的領袖氣度算不算聰明？在緊繃對峙下靈活運用幽默算不算聰明？

考試100分是聰明，作弊闖關不是聰明？工程師、醫生是聰明，作姦犯科不是聰明？每天工作15小時是聰明，花一個月遊山玩水不是聰明？

在太多的「應該」下，聰明人的選擇比一般人少，至少他們就不太能說「不會」或「不知道」。被冠上聰明的人多半不能接受被否定，因為他們比一般人更有榮譽心去維護聰明的美名；許多反否定的行為會發生，其實只因為人性的脆弱（解不出答案的人，是不是通常會說題目很爛？）

 下一頁

一般人造成了聰明人的驕傲和可憐。

聰明等不等於萬能？這就好像是在說，因為愛因斯坦提出了相對論，所以他應該知道板塊變動的原理？因為是台大電機系畢業，所以他應該知道要移動的是那一個數字？

我們一腳踏進了明知荒唐的陷阱裡，往往因此造成不公平與不理性。

誰教我們生存在一個非常需要他人肯定的世界？肯定多半用形容詞來表達，「聰明」就是一個抽象的形容詞！

在拿到這個題目之後，我只想了五分鐘就宣佈放棄，但我可是絕不承認自己笨的。

我學習謝謝別人說我聰明，同時接受別人說我愚笨。

由於無法被明確定義，聰明只是一個見仁見智的標準，若自陷泥沼，那就是真不聰明了！

**Miss 工作**

工作語錄28：要稱讚別人聰明前先想想自己是否愚笨。

 上一頁

**親愛的工作：**

　清邁有個大象學園（Maesa Elephant Camp），學園裡住著許多聰明又聽話的大象。

　學園的入口有一條小溪潺潺，大象會在近午時，由主人帶著來洗澡。躺在溪裡的大象，任由主人的巨形粗刷在背上搓來搓去，偶爾會捲起鼻子，發出一兩聲滿足的長叫。

　再往前方去的廣場有大象表演，大象可以跳舞、畫圖、按摩、踢足球、吹口琴，甚至只用兩隻腳站立起來走一小段路；還有聽見掌聲會把鼻子朝天，將左前腳彎在右前腳上，表示感謝。

　每隻大象都有一個主人，只有主人懂自己的大象，知道如何馴服牠。

　在主人的指揮下，大象深諳如何逗遊客開心。在每天要吃二、三百公斤食物的龐然大物旁邊，我只覺得牠們可愛，並不害怕。

　我買了好幾串芭蕉和甘蔗，準備在騎大象遊樹林、涉小溪的時候作賄賂之用。但拎在手上搖搖晃晃，竟吸引許多鼻子前來蠢蠢捲動，大象寶貝，真的貪吃呢！芭蕉不用剝皮，甘蔗不用削皮，狼吞虎嚥直接下肚，看著牠們這般兇猛，我竟是慶幸：好險牠們吃素！

　攀上大象背上的小椅，我的雙腳踩在厚重的象皮上，清楚感覺到大象行動的一顛一

大象學園裡成群涉水的象

簸！騎在前方的象主人，拿著一根狀似鐵鎚的重物，不時敲打象頭，好要象兒聽話。大象邊走，邊搧著牠的大耳朵，邊往上翻著鼻子朝我直呼氣。

　　大象原來並不是真的乖巧，只是看起來溫柔敦厚。據說大象是載柚木的好工具，但要成為那根象背上安份的木頭，可一點也不輕而易舉。

　　我好幾次就要從椅子上那麼硬生生的滑下來，只好大叫救命！

　　我的大象走山路時，偏不選平路，淨挑石堆小坡走；看見中意的樹叢草堆，要先吃一些解嘴饞；讓主人敲頭敲火了，會耍個脾氣，轉彎朝反方向行進；過河就是不願意一氣呵成，一會兒往岸上走，一會兒往水裡走。

　　我無暇欣賞美景，緊握著扶把的手，關節泛白！

　　總共餵了牠三次，共計九串芭蕉，三串甘蔗和兩個大木瓜，可是也換來一路心驚膽跳的樂趣無窮；算是賄賂圓滿成功罷，在經歷一趟刺激之後，我平安歸來。

　　大象學園裡的大象可以很自由的走來走去，我也很習慣與大象一起走來走去，雖然和牠們不同類，我的高度也只有到牠們的腿；牠們的踩勁，讓我可以強烈感到地殼的震

大象學園裡成群涉水的象

動。

　大象是泰國的幸運動物，為什麼大象如此深受泰國人的敬仰重視？日常生活，歌舞表演，神話傳說都與大象相關；寺廟、皇宮、免稅店裡也看得見各種大象雕刻……我實在很想知道原因，卻得不到心服的答案。

　我只知道自己喜歡大象，是獨獨鍾情於大象可以看來那般的穩重安詳！

　可以穩重安詳，不慌不忙，就是最令人羨慕的幸福。

**思念的出走**

大象學園裡成群涉水的象

親愛的工作：

　　每次來到拉斯維加斯，心裡都覺得很不踏實。

　　這裡金碧輝煌得很不踏實。

　　怎麼會有這樣美麗的夜呢？美麗的讓人不願闔眼；美麗的讓人分不清夢想與真實的界線⋯⋯

　　水舞、火山、海盜船、金字塔、環繞在自由女神四週的雲宵飛車、Gondola在威尼斯河畔漂盪⋯這裡的歡樂沒有邏輯可尋。

　　順著拉斯維加斯大道而下，每個歡樂都是點石成金的魔力手指，逐一逐一地把心房漆出滿室的燦爛金光！

　　不踏實的感覺有些心慌，但心慌，讓我發現自己的矛盾！

　　想急切的抓住些什麼來換得踏實，於是快門不停的按，底片不停的捲，眼神與腳步同樣慌亂，就怕漏了遺憾；也想就這麼站在十字街頭，靠在米高梅那隻威武金獅腳下，看盡閃動的各色燈火不倦⋯因為什麼也不能真正留住，乾脆放任灑脫！

　　貪心的我像個孩子，要擁有一整座糖果屋；豁達的我像個詩人，風霧晴雨都只是對月的好酒。

　　心像走馬燈一樣旋轉。

金閃閃的拉斯維加斯

每次來到拉斯維加斯，看到的風景也都不一樣。

上次來，還沒有Ballagio，也不見New York New York，Caesar剛開幕，Forum Shop裡的變換天色如此新鮮有趣；這次來，Aladdin換了新景：椰林火炬旁是身形窈窕的阿拉伯女郎，M&M和Coca Cola也佔據了街頭一角，擎天巨瓶的可樂矗在那兒供人拍照留念。

人類建造的風景總變換得特別快速！變換之間人類盡現自己的驕傲！所有的創意與新意都被金錢堆砌，金錢在這裡再隨著觀光客回流游竄。

這是一個紙醉金迷的世界，在這裡，我會相信金錢可以買到一切。

不喜歡賭博，來拉斯維加斯，我甚至沒有入境隨俗的拉兩把吃角子老虎機；但我倒是看牌看出了心得，不但知道牌九要如何玩，也知道怎樣下注才能驅兇避險。我很喜歡在賭場裡觀察金錢遊戲裡的人生百態。

室內的風景與室外的一樣有趣！

我看見發牌的莊家因為連賠三局而在眼角顯現浮躁；久輸不贏的客人最後決定孤注一擲偏偏石沉大海，豪氣萬千的賭徒拿到四張A牌，在大口喝酒時還是沉不住氣……

賭博的輸贏和人生的機會曲線是一樣的，好壞都以交叉並存，人生的縮影就在每一副牌局裡。

我想到喬斯坦賈德《紙牌的祕密》裡，撲克牌中的小丑牌——「唯有

金閃閃的拉斯維加斯

小丑才能看透所有的牌局」。

　　沉淪就是這樣不自知；清醒，很困難。

　　在拉斯維加斯的我，總是努力保持清醒，所以我是這裡的贏家。

　　滿滿行囊裡，贏的是一顆更豐富精采的心！

**思念的出走**

金閃閃的

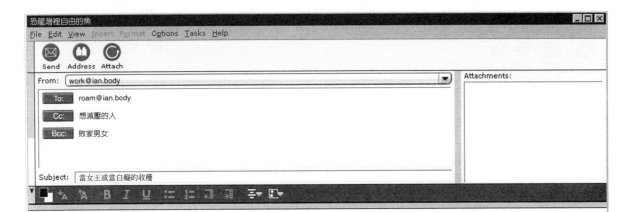

**Dear出走：**

我們兩個都喜歡血拼，只是血拼的目的不同。

你喜歡血拼的原因是，想在每一次的旅行裡留下比較特別的東西。有時是為趣味好玩；像你在捷克買的，比在臺灣還貴的levis501；像你在日本伊勢丹買的，快一萬日元的絲裙。有時是為繼續一些故事或堅持；像你曾經只要到了不同國家便一定要買到的，現在已塞滿了一整個抽屜的，好萊塢星球餐廳（Planet Hollywood）T恤。（你也非常堅持一到海邊就要撿貝殼和石頭，你還保留著爸爸從長江帶回來的石頭和紅海帶回來的貝殼罷！還好這些東西雖然重了點，至少不用錢！:)）

我喜歡血拼的原因很單純：我覺得血拼，是唯一能讓我享受做女王尊寵的休閒活動。

血拼的時候我喜歡一個人，雖然「兩人同行，對方刷卡」的可能性比較高！

當所有眼花撩亂的衣服，在我眼光的掃射下去蕪存菁；當從試衣間出來，我看見鏡子裡面藏不住笑意的臉；當在帳單上飛快地簽下自己的名字，或是從皮包裡掏出千元大鈔小心翼翼的數著；當輕快的兩手逐漸被一個袋子、一個袋子的加上重量，在短短的時間裡，我變成了女王！

在我例行的每一天裡，大部份的時間並不能做女王，這就是當女王吸引我的地方。如果我真的是女王，或常有機會當女王，我的休閒活動就可能是養鳥或在山上種田罷！

因為要當就要當的像嘛！我寧可在做女王的時候比較慷慨大方，然後接下來過幾星期苦情女奴的日子。

 下一頁

Send  Address  Attach

既然不是真的女王，也就不會有寬敞的皇宮來擺放我的衣服。房間很亂，衣服處處，更遭人非議的是，我總是穿固定的幾件。新衣服的命運，大概是平均亮相兩次！

我的理由是，血拼是要讓我買到做女王的快樂，並不是真為了穿戴那些衣服，在我只有一個頭一雙手一雙腳的身體上的。

除了做女王，我偶爾也喜歡做白癡。常常晚上一、二點，我就只是坐在電視機前轉遙控器，然後什麼都不想，什麼也不做。

什麼都不想，什麼也不做，有時算是很奢侈的享受。

在這樣晚的時候這樣看電視，是唯一可以讓我覺得在休息的休閒活動。

什麼都不想，然後不知不覺睡著，世界真的很安靜，我就感到很安心，很安心的慢慢鬆懈。

只是每次我都在一陣責罵中驚醒（或嚇醒）！

責罵內容多半是這樣的：「有自己的房間不睡，開著電視在這邊浪費電！」

但是旁邊的嘈雜往往能讓我更心靜啊。

每個人都會找到讓自己「充電再上路」的休閒活動，只是有的休閒很無厘頭，有的休閒很貴重，有的休閒很陽春，有的休閒很大眾。

這些活動對於個人往往非常珍貴，因為它們總可以彌補或完成大多數人生時間裡，離現實較遠的夢想。

能有機會去靠近夢想，就是一件可喜可賀的事。

對於有人喜歡唱KTV搶麥克風、喜歡打麻將，我一概尊重看之，因為誰知道背後，也許是一個個夢想的自我實現！

媽媽說，對於自己不對的行為給予合理化的解釋叫做狡辯！

我說，若能將行為給予合理化的解釋就不算是不對的行為，它畢竟有其存在的價值。

你，肯定是站在我這邊的了！

**Miss** 工作

工作語錄17：優良正當的休閒活動乃建構在理性之上，凡傷神傷身者，皆不能列於其中。

 上一頁

**親愛的工作：**

我在戴高樂機場準備登機。

在法國待了10天，可是並不特別想回家。我和一大群人盤坐在機場大電視牆下的空地上，阿根廷與英國的準決賽正在實況轉播，我希望還有時間至少把下半場的端倪看出來。

這個時候，世界杯足球賽的熱浪，把法國整個燃燒沸騰了起來！

7月25日的正午時分。我正在往Paris -Parc des Princes 的體育館路上，四點整，比利時對上南韓的比賽，將要準時登場。

不懂足球，也從來不看足球賽轉播的。但我竟也好似感染了足球熱病，變成了足球人！ 因為實在無法忘記，就在那一天，我親臨所受的感動與震撼！

在那樣的感動與震撼裡，原來我的情緒也可以如此澎湃！

我穿上限量熱賣的世界杯足球賽紀念T恤，臉上也學起來往的路人，塗抹上一條藍一條紅一條白。很放膽地遊走在被妝點的很足球的香榭麗舍大道，在紀念品店裡挑明信片、鑰匙環；在歇腳的街椅上，看著一群群旗幟分明，聲勢浩大的各國球迷邊行軍，邊唱著精采的歌曲與口號。

興奮與熱情是很容易被傳遞的。我覺得體內某些因子在甦醒。

往體育館的地鐵上幾乎全是戴著紅黃黑條紋相間的魔術師帽，拿著紅黃黑條紋相間的比利時國旗的比利時人。這些人高馬大的球迷，淹沒了四方的視線。但我完全不用擔心找不著方

法國的世界杯足球賽狂潮

向，只要跟著這群鮮明的顏色走就是了。

　　隨著嘶吼聲、口哨聲、喇叭聲的愈來愈近，我知道球場快到了，於是跟著身旁的人一樣，也開始小跑步，往前衝…

　　在進場前有一道嚴密的檢查，連手上的飲料也不放過。找到位子坐定後，環望四周的烏壓壓，這才發現韓國的啦啦隊早就準備好了。東面的張起了一幅兇猛的老虎旗，西面的則是對稱著一張氣派萬千的韓國八卦國旗。每個韓國球迷臉上都劃上「八卦」的油彩，手上都揮動著小旗子。四方角落安置的大鼓已經轟隆轟隆地在響，大夥兒隨著鼓聲喊著、叫著。

　　世界杯足球賽的主題曲響起，全場high了！

　　比賽的上半場盡是比利時的天下，但韓國的驍勇也讓人驚異！好幾次的進攻都被精準地攔阻！比賽節奏快速流暢，觀眾投入的每一個喝采與嘆息，都大聲放肆的讓我驚訝！

　　離上半場結束33秒，比利時踢進一球，動畫的計分板上閃出一個大爆破，頓時歡聲震天，球員相互擁抱，而我四周的人，已經都站起來了！

　　中場休息時，所有的觀眾就像熟絡的老友般開始攀談，大夥兒都是眉飛色舞，比手劃腳。

　　不需要知道彼此姓名，因為一起看球，就是默契與緣份。

　　下半場的戲劇性變化讓這場比賽更加值回票價！韓國竟然在完全不被看好的情況下硬是攻進一球，逼和了比利時。

　　現場的所有韓國人都瘋了！我也激動地叫啞了嗓！

　　不少坐在我周邊的人跑來和我握手。

　　「你們表現真的太棒了」

法國的世界杯足球賽狂潮

「下一次你們一定會更好，我們等著看！」

雖然被視作韓國人，但我並未否認。笑笑的說聲謝謝。不想解釋反而與有榮焉。這就是「四海一家」嗎？

比賽結束後，人潮仍久不散去，不知爲何，我也捨不得走。

群眾的力量眞是驚人啊！我原來是一個喜歡隨聲起舞的人，於是變成了群眾的一部份。

機場的這場球如親臨現場般精彩！英國的足球金童貝克漢姆犯了一個致命的錯誤被判出場，大夥兒開始痛罵。我想起朋友告訴我一個哥倫比亞足球員回國後被刺殺身亡，只因爲他最後的12碼踢球決勝負沒進！

在機場打了個電話給在丹麥的好朋友Jepper，恭賀丹麥隊的傑出表現，他告訴我全丹麥也陷入了瘋狂的狀態，幾乎所有丹麥人每天往哥本哈根的市府廣場報到聚在一起，在特別架設的電視牆下，爲祖國英雄加油。

這就是歐洲大陸的足球狂熱！

我決定要在機場叫喊到最後一分鐘。

**思念的出走**

法國的世界杯足球賽狂潮

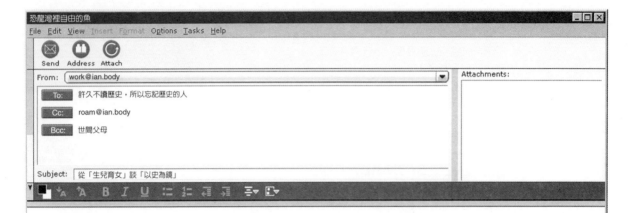

File　Edit　View　Insert　Format　Options　Tasks　Help

Send　Address　Attach

From:　work@ian.body

Attachments:

To:　許久不讀歷史，所以忘記歷史的人

Cc:　roam@ian.body

Bcc:　世間父母

Subject:　從「生兒育女」談「以史為鏡」

你有沒有想過，生命有限，所以可以世世代代交替？

我們現在為人子女，將來要為人父母，就像我們的父母，四五十年前也是孩子。

我們身上總存留著些父母的影子，例如容貌、脾氣、IQ…將來我們的孩子，也會存留著我們的影子。

這就是延續與傳承，我們用這樣的方式，與時間在抗衡。

這樣的方式，其實存在許多的難懂和未知。

基因、染色體、細胞分裂，是如此玄妙。很多的奧秘，我們都還只在外緣探索，尚未參透。

譬如有人說，小孩愈長愈大，個性就會愈像爸爸媽媽。（為什麼會愈來愈像？難道基因能使不同的細胞，隨著時間而愈來愈相近？）

又譬如我的近視眼將近1500度，可是爸爸媽媽的視力卻是標準的1.0。醫生說，應該是奶奶外婆的眼睛不好所致。這就是所謂隔代遺傳。你看，基因的影響力，就是讓你不知道它什麼時候是「顯」著，什麼時候是「隱」著？

孩子被孕育後還要成長，成長的過程被後天環境深深影響。

先天的遺傳，我們無法確實掌握（明知孩子出生後有些部份會像我們，但卻無法知道是那一部份；也無法選擇那一部份）；自然，我們會想百分之百控制孩子的後天環境。

在孩子的成長過程裡，我們終於有機會成為獨裁的皇帝（孩子並沒有反對的知覺與能力；他們是吸水的海棉，而非充滿彈性的橡皮鴨！）雖然，我們能做皇帝的時間並不長，孩子愈大，愈會抗爭革命；最後會走向民主社會，或是獨立個體。

 下一頁

一開始做皇帝的，沒有一個不希望自己是賢君，沒有一個不野心勃勃，希望創造貞觀之治。但為什麼社會上，還是有許多暴君或昏君橫行？

翻開中國的歷史，就是一本最好的育兒大全：

秦始皇書同文車同軌、統一度量衡、貨幣和文物制度。

孩子需不需要學習規矩？孩子一生都在學習規矩：孩子該學那些規矩？家庭有家庭的規矩、學校有學校的規矩；規矩，是生活的工具。文明社會裡，大部份的人循著規矩生活。規矩盡力克制人性的劣根，創造公平和諧的環境。

隋末煬帝建離宮，江都遊幸，百姓苦不堪言，導致有志者紛紛揭竿起義。

父母的管教與藤條是不是兒女的枷鎖？最近讀完飯島愛的自傳，我不禁要想：如果飯島愛的父母從不逼迫她？今天飯島愛會不會做應召女郎，做AV女優呢？

（飯島愛的父母可能覺得那不算逼迫，但事實上，飯島愛是無法承受那樣的壓力，而心生叛逆。算不算逼迫？決定權是在「受」的那方啊！）

問出「何不食肉糜？」這樣蠢問題的晉惠帝，因昏庸導致八王之亂。

處深宮不難知民間疾苦，端看有沒有心要知民間疾苦。用父母的眼睛看孩子的世界公不公平？孩子也有孩子的壓力；孩子也有孩子的愁苦；孩子間的友誼也可以嚴肅認真，義薄雲天。父母有時責難孩子的頑劣，其實是沒有「將心比心」。

劉備三顧茅蘆，得輔政良才諸葛亮。赤壁之戰後三國鼎立。

管夷吾輔佐齊桓公，李世民幸有魏徵。沒有能力做皇帝的人，可以請教有能力的人如何做皇帝。故步自封的堅持和面子並不聰明。養兒育女，可以靠專家幫忙。我們的身旁有許多諸葛亮，更何況三個臭皮匠，還勝過一個諸葛亮！

諸葛亮七擒七縱孟獲，平定南蠻。

 下一頁

嚴刑峻法能不能制心？商鞅的變法圖強，就爲自己佈下五馬分屍的命運。鬆綁政策，竟可以換得刁鑽之徒痛哭叩首、心悅臣服。馴馬之人懂得一手拿馬鞭，一手拿胡蘿蔔的道理。

大唐盛世，東西往來頻仍，唐三彩的雄健特質，是文化融合的最佳證明。
西風日風侵襲，兼容並蓄的政權，創造利益極大化。包容的胸襟，可以懂得更多道理，對孩子能有更多體諒。爲什麼染髮？穿鼻環不再只是非洲少數民族的風俗習慣。世界變幻的速度，有時一不留心就會追不上，追不上，就易生排斥之心。

北宋奸相亂政，武功廢弛，內憂外患，終致衰亡。
聯金滅遼是揚湯止沸，擅書法、繪花鳥不敵舞刀弄劍，宋徽宗知不知道要花多少氣力安內？多少氣力攘外？孩子是家庭的重心，事業是擴張的版圖；要怎樣才能把兩方顧好？「先安內再攘外」。原來歷史一再告誡我們，「齊家」才能「平天下」！
我們一直在歷史的河流裡不曾離去，偶爾逆流而上，會發現生活的道理。
因爲人性驅使我們一直在重複的模式裡延續生命；模式既然重複，就有軌跡可尋。
上天因爲尚未賜予我們對先天因素的主控權，於是早把看透後天環境的秘訣放進歷史裡。
歷史其實一直在明示我們如何在後天環境裡做一個好皇帝，我們千萬別忽略，而一直只埋首在夢想百分之百掌握先天因素的科學野心裡。

工作

工作語錄47：請隨時把歷史課本帶在身邊。

 上一頁

**親愛的工作：**

　　今天我看了部電影，然後竟發現，原來，我從未曾這樣深刻的覺得不虛此行！

　　我正待在自己的書房裡安安靜靜，為方才那場在喜馬拉雅山的神遊，低迴不已…

　　看完〈喜馬拉雅〉，從戲院出來時，心裡因為累積了太多的情緒沉澱而深重。

　　從未到過喜馬拉雅山，一直嚮往喜馬拉雅山，這次，終於攀上了喜馬拉雅山。

　　這是一個有關於尼泊爾的故事。

　　喜馬拉雅山間有一座小村落叫做 dolpo，村裡的人每一年，都要在酋長的帶領下橫越山巔，用犛牛群上承載的一包包鹽，換取一袋袋麥糧。

　　這趟旅程極為艱困，兇險滿佈，於是在村裡流傳了神明與惡靈抗衡的古老傳說。

　　信仰就是這樣的堅定與固執，因為它安撫了每一個惶惶的靈魂……

　　多數人在村裡生老病死，所以他們大都不知道樹的樣子，除非是旅行隊伍中的一員，才有機會親眼看見樹。

　　風沙侵蝕下的每張臉都顯得蒼老，新世代的娃兒要學會怎樣利用強勁的臂力蘊滿弓弦，才能成為真正的男子；女人在杵青

稞,絞衣服的宿命裡,要學會強悍,同時也要為著未知祈福。

生活很簡單,卻要天天面對大自然無常的最最複雜。

以天地為神卜卦日期,啟程罷!

抬頭望望那顆像心臟一般噗動的星星,它引領著我們走向大麥之鄉!

繞著湖的那條捷路不能走啊!因為那兒有著惡靈的詛咒!

在夜裡以鹽尋求神明的昭示:手裡的鹽灑落在火裡,若是劈啪作響則一路都是好天氣;若是無聲無息則暴風雨將要來臨,數千年來,祖先們追隨著這樣的法則行進。

每一種生活都有著自己的哲學;哲學,都耐人尋味。

無法忘記瀕死老者最後的話。

對著新任的酋長,他說:「你以為我何嘗只想永遠遵循天神,真正的領袖,最初總是叛逆!」

「山是我的盟友,讓我長擁在山的懷裡。」是他最後的心願。

靜靜的斷氣,但,一生氣盛到垂頭,都寫在他的話和心願裡。

禿鷹的雙翅與天地平行,圍繞在四周的鼓舞樂聲這樣的緩慢低沉,有一種沉重的

a brave, a player, a sculptor
seek for faith, hunt for flickering smiles, win an encore

哀傷，也有一種新生的輕鬆。

　　跋涉了這段路，有烈陽、有霜雪、有黃沙飛揚、有行路人糾結的眉宇和狂放的長髮。

　　我的情緒很滿溢，一定要說這個故事給你聽，也給自己聽。

　　今天我看了部電影，然後竟發現，原來，我也可以這樣深刻的覺得不虛此行！

**思念的出走**

a brave, a player, a sculptor
seek for faith, hunt for flickering smiles, win an encore

**親愛的工作：**

　　昨天翻出小時候寫的歐遊日記，彷彿還依稀看見那個在旅館昏黃燈光下，睏盹卻又努力的身影，即使眼皮沉重，仍然要把一天參觀過的地方、導遊說的每一個故事，都詳盡的記錄下來，才肯上床睡覺。

　　從小就是一個認真旅行的人。10歲的我和22歲的我，這點，是一直一樣的。

　　10歲的我和22歲的我，有什麼不一樣呢？

　　10歲的時候第一次來梵諦岡，在聖彼得大教堂（Basilica di San Pietro）裏，我望著天頂上米開朗基羅的「最後的審判」怔怔出神，那天晚上的日記，寫的滿滿盡是天上人間與地獄，救贖掙扎與沉淪，有關於耶穌基督的故事。

a brave, a player, a sculptor
seek for faith, hunt for flickering smiles, win an encore

　　22歲的時候第二次來梵諦岡，在熟悉與陌生交錯的複雜裡，我突然明瞭了永恆的意義：那就是在無常瞬間裡的亙古千年……

　　永遠忘不了初見聖彼得大教堂時的激動，第一次離開家到那麼遠的地方，看見那麼高的建築，我仰頭望向頂尖，以為那是與太陽相連的地方。

　　第二次再見聖彼得大教堂是在刺寒的一月，清晨的八點，沒有豔陽春光，沒有遊客如織。

　　我搭著64號公車在灰濛的天色裡穿繞過臺伯河，車上滿滿全是乘客，卻不見東方臉孔。上

晨霧裡的聖彼得大教堂

班的、上學的，還有一身黑袍修女服的，要與我一同前往梵諦岡罷！

　　順著Conciliazione 路兩旁的大理石建築漫延下去，就會到達聖彼得廣場，看見聖彼得大教堂。聖彼得大教堂，位在聖彼得廣場內。

　　該怎樣去形容這由284根圓柱所環繞出的方圓，是怎樣的莊嚴靜謐？尤其在這幾近空蕩的時分……

　　我的內心虔誠，於是腳步也跟著虔誠，聖誕節的張燈結彩似乎尚未結束，紙糊的牧羊人，聖母懷中的聖嬰，馬槽乾草…在廣場的一方，這些五彩的道具隨風飄著，無聲地說著那個誕生的故事……

　　緩慢的繞著圓柱順時針走，也繞著記憶的隧道逆時針走，當我再次回到原點，記憶也與現實重新密合起來！

　　我曾經牽著弟弟的手，站在右側的噴泉臺旁，讓爸爸為我們拍照，只是後來底片曝了光，影像全沒有留在相簿裡，敬畏與憧憬卻全留在心裡。

　　如今我再回到這右側的噴泉臺，水柱尚未噴灑，但熟稀的敬畏與崇景仍在很深很深的心裡，悸動。

　　感覺是一樣的，教堂的鐘聲依然整點的響，晨霧散盡後，遊覽巴士依然不倦的承載著熱鬧來去。感覺也是不一樣的，長了見識懂了人

a brave, a player, a sculptor
seek for faith, hunt for flickering smiles, win an encore

晨霧裡的聖彼得大教堂

事，我不再只是一個孩子，也會寫遊記，也會因為手握著街旁小販的巧克力蛋捲冰淇淋而滿足歡笑，但我知道，記憶不會再像從前那樣鮮明，感情卻會比從前更見綿長。

當打完最後一個字，關起電腦後，也許我會從頭翻翻十幾年前的歐遊日記，追尋恍如昨日的點點滴滴，然後期待第三次來到聖彼得大教堂。

人世間是什麼也說不一定的！

**思念的出走**

P.S 10歲的你和22歲的你，有什麼不一樣呢？

a brave, a player, a sculptor
seek for faith, hunt for flickering smiles, win an encore

晨霧裡的聖彼得大教堂

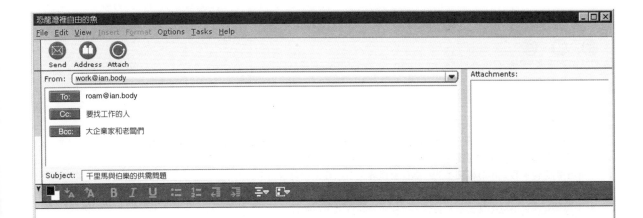

File　Edit　View　Insert　Format　Options　Tasks　Help

Send　Address　Attach

From: work@ian.body

To: roam@ian.body

Cc: 要找工作的人

Bcc: 大企業家和老闆們

Subject: 千里馬與伯樂的供需問題

Attachments:

**Dear出走：**

我從來沒有想過會遇到這樣的狀況題！

今天和一家公司的香港負責人見面，應該算是一個Final interview。

看了我的履歷表一眼，她說為什麼你唸經濟可以做marketing？沒有唸過marketing，怎麼做marketing？

我當時愣了一下，然後回答她：「經濟學中有許多邏輯和原理，訓練我的思考分析能力，這些對於我從事marketing有很大的幫助。」

真忘不了她不以為然的眼神，那樣的眼神實在讓我覺得再解釋下去都是白費力氣！

她再問我：「那什麼是marketing？」

我說：「marketing最重要的是一個邏輯思考的過程，在一個明確的objective之下，怎樣運用資源創意和對市場的熟悉程度來達成objective，在這個過程的開端會牽涉到品牌未來的走向與各部門特別是sales team的合作，末端會牽涉到媒體廣告和公關。一個做marketing的人看的是整個 program之於objective的結果。」

她回覆我：「不對啊！advertising和PR很重要啊！我就跟你說你沒讀過marketing所以不知道嘛！」

她又問：「你覺得你憑什麼可以做這個位置？」

「憑我過去經驗所建立的自信！」

 下一頁

Send　Address　Attach

她哼的笑了起來，輕蔑的像港劇裡總是不可一世的二姨太。

我在內心強迫自己一定要微笑的回答她：「今天我來的目的是想看看彼此有沒有一起合作創造事業的可能，我清楚的表達我的想法，你也清楚的表達你的，如果我們的理念不合，我還是謝謝你！」

握手道別之後，我氣得發抖，不明白為什麼世界上有這樣把粗魯當坦率的人！

我也非常沮喪，如果準備能再充裕一點，我應該可以對一些刁難的問題有更幽默的回答。如果英文能再好一點，也許我在覺得極端被羞辱的時候，文法不會亂到讓自己臉紅。

每一個interview都是供給線和需求線在尋求交點的過程，對兩方來說立足點都是公平的。在做選擇之前的考慮，往往也存在著一定程度的複雜，而不是「這個人好不好」，「這家公司好不好」兩個簡單的問題就可以完全含括的。

interview是極不公平的比賽，因為對彼此資訊的不充足，interview有一定的風險，雙方同樣都想在有限的時空裡儘可能的互相了解，但卻不可能完全了解，就好像你無法判斷眼前這位看來文質彬彬、小心翼翼的人會不會虧空公款，你也無法想像看起來先進洋派的大公司裡，是不是存在著很深的官場文化？

Interview卻是極關鍵的比賽，你的第一印象幾乎決定了一切！所以我很重視interview。我有一本關於interview的筆記本，專門記錄可能的Q&A，要注意的事項，包括手勢、微笑……

其實我也常砸鍋，有時可能因為太過自信，有時可能無法預期會碰上什麼樣的人，但讓我如此難堪的，這還是第一遭。

突然懷疑起自己，雖然我明白這是一種非常不好的情緒。

開始回想起我的每一個interview，發現每一個interview裡的我其實都有些不同，但那是一次次的進步與成長。

第一次interview是在一家外商銀行，我和另二位準畢業生對坐在五個主考官面前，其中一位主考官請我們假設他是顧客，做一次理財諮詢模擬。我記得我非常驚訝羨慕地看著右手邊的同學像演講般搖頭晃耳，第一點第二點的陳述著她可以提供的優惠和銀行傲人的聲譽，只差沒立正稍息。然後心裡想著「完了，這下沒希望了！」後來我錄取了，進去後一直沒找到這位同學，才知道自己的標準和別人的標準差蠻多的！

 下一頁

Send　Address　Attach

第五次是我最快樂的一次，和我談話的是一位非常美麗時髦的同校學姊，我完完整整的表達了自己的想法，甚至還詢問她，我需不需要出國讀書唸個MBA再回來？那時我心裡在想：如果不能和你一起工作，能不能和你變成好朋友呢？結果是我們很努力讓交集發生，最後一起工作！

一個美好的interview是要雙方付出相對的誠意才能完成的。千里馬與伯樂永遠在相互尋覓！伯樂A可能在找一匹溫馴的白馬；伯樂B可能在找一匹兇悍的黑馬；花馬C可能在找一位擁有很多胡蘿蔔的伯樂，卻老是碰到家裡種大麥的伯樂來試探！天底下並非只有千里馬難尋，伯樂也同樣難覓！

當千里馬們與伯樂們在市集裡相遇時，千里馬要有自信在伯樂面前一躍千里，伯樂也需要展現恢宏氣度，以「驗明正身」罷！

我總是很堅持，也還要繼續堅持，在interview的時候，我可以很謙遜，但絕不能沒自尊！

為什麼需要懷疑自己呢？我們的老祖宗不是很早就在談「禮賢下士」了嗎？

「禮賢下士」不僅是對人的禮貌，也是對自己的尊重！

為什麼會「蛇鼠一窩」？人中龍鳳是永遠不會懂的！:)

**Miss 工作**

工作語錄33：在每一個interview裡學習將心比心，每個人都有機會去選擇和被選擇。

 上一頁

**親愛的工作：**

這張明信片和我手裡的兩張照片，是一模一樣的風景。

其中一張照片是這次拍的，另一張，是10年前拍的。

中古世紀的房子，房子旁邊有一輛裝飾著彩帶，由兩匹白馬駕著的馬車。

原來10年前，我就去過羅森堡（Rothenburg）了！還這麼心有靈犀地拍了一張同角度的照片，連馬匹的顏色都相同。

當然，也許因為這個角度能拍出最好的構圖；也許因為棕色的馬匹，都恰巧載著其它觀光客遊街去了！

這次去羅森堡的時候，完全不記得之前就去過，看著書上描繪地多麼夢幻美好，我還非常堅持要加入這個景點。

甚至是現在看著舊照片，依然感到模糊懷疑，一點恍然大悟也沒有。

想著為了去羅森堡，我問了多少路，轉了幾趟火車，就覺得好笑，我，原來去過了！

人類幸好有「忘記」這項本領，所以一直有容量「追求」。

追求，有的時候只是一個重覆的過程。

我會選擇把重覆的過程當作是全新的體驗，雖然，最後可能得到相同的結果。

羅森堡的馬車和白馬

　　我時時提醒自己：是同樣的人，也是不同的人，就會有全新的體驗。

　　我也時時提醒自己：別太在意相同的結果，因為別高估自己追求的本領。

　　我們常常一路拿一路掉，不小心，還把最精彩的遺漏了！

　　但也幸好，追求，可以是一個重覆的過程。

**思念的出走**

羅森堡的馬車和白馬

**親愛的工作：**

查理士布朗（Karuv）橋是一座橫跨在Vltava河上，中歐最古老的石橋。

河右岸是舊市府街廣場（Staromestska radnice）和會在正午響起的死神鈴聲；河左岸是位在小丘上的巍巍布拉格城（Prazsky hrad）。

我在秋天來到布拉格，卻一樣感受到春天繁花……

查理士布朗橋是一顆珍珠，它串連起布拉格最罕世的寶石，但人們也無法忽視珍珠的溫柔光澤。

橋上共有30尊聖像，每尊聖像都不同；臉神手勢各有巧妙。

我很認真的看著每尊聖像，它們的確讓這座橋有了不一樣的風景。

橋上的人潮算是洶湧，在賣藝雜耍的圈外圍繞、在小販手錶項鍊的攤前駐足、倚著欄杆遙望、蹲坐在聖像下歇腿、手拿相機，嘻哈追逐，這裡有許許多多的人生，每個人生的片段，排組出意外的豐富。

上橋的那一刻起就覺得時間開始緩慢。

踩著的石路古老，兩旁的聖像也歷經滄桑，天色蕭蕭遙望城堡，我想到了武士公主、駿馬寶劍的故事……

查理士布朗橋上的30座聖像

耳邊飄過悠揚卻不突兀的手風琴聲，這樣的音樂是如此相稱！

不像一個過橋的人，我在橋上來回走了好幾次。

這就是觀光客的風雅閒情。

過橋的人是生活的人，生活的人熟悉又急忙的往目的走，不會東張西望。

再美的風景在生活裡終會變成固定的圖案。這是我們需要旅行的原因。

旅行是心靈的SK II，預防老化細紋，讓心靈保留對世界的好奇與好心情。

我總在提醒自己，別讓生活的情緒變成習慣；別失去了分辨生活與旅行的知覺。

別只做一個過橋的人。

**思念的出走**

查理士布朗橋上的30座聖像

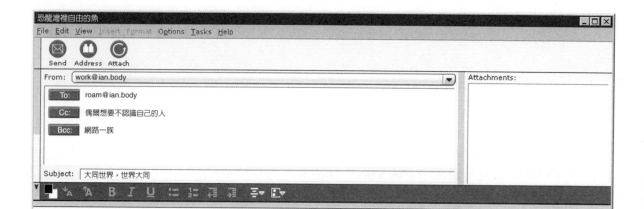

**Dear** 出走：

在實體世界裡，每個嬰孩出世的時候，爸爸媽媽爺爺奶奶會給他一個名字，這個名字包含了許多的意義：家譜規定、筆劃吉兇、或是父母對孩子看重的程度，有人叫罔市，表示隨便養養；有人叫念台，表示一顆隨時懸念的心。我們一生帶著名字走，名字是一個被指派的識別證。

在網路世界裡的每一個人也需要有一個名字，可能是約定俗成，可能是終於得到可以自主的自由，大多數的人會為自己創造一個新的名字。

網路上的名字總是千奇百怪，可以是一個字也可以是十幾個字，但它們總包含著一個重大意義：那是真真正正屬於使用者的名字，是使用者心甘情願被貼上的標籤。例如叫溫柔飄過的雲，可能是一位希望被想像為美麗多情的女子，叫喬丹的可能是一個酷愛籃球與NBA的男生。

也有人，像我，在不同的網址用不同的名字說不同的話。

在實體世界的人需要存錢買房子住，在網路世界的人可以寫程式建網頁住。網路上的房子沒有地段坪數的困擾，一人DIY，自己工程師兼設計師兼管理員！

這就是網路世界，名字可以自己取自己換；想說的話可以放膽和不負責任；想去的地方只要把網址打上；半夜

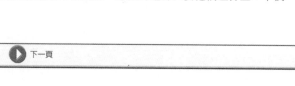
下一頁

登錄色情網站也不用畏懼別人的眼光！

網路令人著迷的最大原因就是，它隱形了道德教條和能辨識真偽的眼對眼面對面，並把複雜簡單化！我們運用科技建立了另一個世界，改良了原來世界的束縛，這是一種安慰！

除此之外，網路世界和實體世界一樣，有人居住就有「世界」的複雜。

網路世界也有金光黨行騙，實體世界也有恐龍嚇人。

人心在任何地方一樣都真假難分！網路裡遊走的人和在大街上的人一樣，使用一部份真心和一部份假意。表達自己用真心，保護自己用假意。

網路幫助我們節省許多程序，但有些程序省略不了。特別是人與人間的相處。

譬如在網路上交談很容易，交朋友就不是那麼容易。

從大學時代開始接觸網路，我用hotmail account，用MSN messenger，用ICQ，也和好朋友建過自己的新聞臺。我和許多人聊過天也和網友見過面，但我只在網路上交過一個好朋友。他是一個韓國人，叫David，我們用email交朋友已有六年。

認識David時我大二，他是一個生活在與我完全不同世界的人。David一家住在漢城附近，妻子是一位小學老師，兒子很愛打電動。

認識後，我們進入通訊高峰期，email十分頻繁，談自己的興趣嗜好、教育背景、夢想心願。

接著我們熬過彈性疲乏期，有時候一個月中只會發現一封對方的email躺在信箱裡。

在我畢業的時候，收到David寄來的眼影組合，David說，開始工作的女生都會開始化妝。韓國女生大概都這樣罷！

韓國金融風暴時我非常擔心，921大地震時他非常擔心；我抱怨工作，他抱怨家裡的婆媳問題；我在看電視時，他在幫老婆大人改數學考卷。

六年之中David家搬兩次，家族旅行四次，但他沒機會來台灣，我也沒機會到韓國。

我們相信會見面，也其實並不在乎見不見面，因為我們是好朋友。我們付出努力，用時間和心意經營友誼。

▶ 下一頁

File Edit View Insert Format Options Tasks Help

Send　Address　Attach

網路世界存在迅速方便的特質，但並不提供連結現實世界的捷徑；

若因為對現實世界的失望而移情網路世界，會導致另一個失望。

因為這兩個世界其實大同、小異。

大同世界如果是天堂，如果是人類一直在努力追求的目標，我想聖經創世紀11章裡有一個很好的啟示：

『**驕傲的人們曾經聚合在一起，要建築一座通天塔（The Tower of Babel）以到達天堂。在快要接近完成的時候，上帝突然讓所有的人開始使用不同的語言，於是到達天堂的塔終究沒有完成，人們也再沒有唯一的語言。**』

天堂不是一個容易到達的地方，人類的精神文明必需和科技文明一同進步。

世界大同是事實，大同世界是理想；從事實到理想，是一步努力也不能省的。

**Miss 工作**

工作語錄9：只要在「世界」生存的一天，就必需遵守「世界」的法律。

 上一頁

**親愛的工作：**

　　準備往布拉格城去，因爲想看看燈火通明的夜景，因爲想去光臨在皇宮旁的Uzlate Studne，一家可以眺望夜景的餐廳。

　　在人群磨蹭裡，我驚訝地看見身旁貌似印度人的婦女，一邊同朋友聊天，一邊把手伸進我的側背包裡。

　　她身上披披掛掛的布是最佳的掩護，我甚至剛開始並沒有知覺到那隻明目張膽的手。

　　幸好我的背包底部很深，她的手無法長到往下撈探。

　　我愕然的看了她一眼，沒想到迎上也很愕然的眼神，她嘰嘰咕咕說了一堆話，然後遠離了我。

　　可能在怨嘆運氣不好罷！我對碰上這事也有些驚魂未定！

　　布拉格城矗立在山上，白天走過山路，傍晚我選擇搭公車。

布拉格城的喧嘩煙火

坐在公車上搖搖晃晃，我看著窗外知道自己愈來愈高。

　　天色突然間很快暗下，糟糕的是竟然開始飄雨。我，沒有帶傘。

　　下車後想問個路，發現城裡幾乎沒有人！奇怪，白天的人潮都去了那裡？

　　好不容易找到餐廳，我看見了溫暖的昏黃燈光正要推門進去，卻發現門已上鎖並未營業。

　　眼看雨愈下愈大，當下決定坐上計程車回市區。

　　在計程車裡，我心中志忑，想到從機場到旅館的30分鐘車程竟被敲竹槓700 Koruna（約台幣3000元），又累又氣竟生出一股豁出去的衝動。

　　為了彌補自己，我在最豪華的A-deluxe級的Intercontinental下車。

　　古典的裝璜、悠揚的小提琴和結著黑領結一絲不苟的服務

布拉格城的喧嘩煙火

生，我反而有些不自在。

　　侍者先來詢問要不要喝點酒，然後唸了一長串的酒名。

　　我非常不進入狀況的問了一句：「Do you speak English？」後才想到，對喔！這裡的葡萄酒應該沒有英文名字！

　　非常感謝這位侍者的仁慈，他只是揚了揚眉，還能保持著風度與禮貌。

　　我想到我們的四個好朋友一起在義大利喝咖啡，自以為風雅地點了四杯拿鐵，卻讓義大利人在驚訝中送上四杯牛奶。她們自從小學畢業後就不喝牛奶了，這時卻也不敢吭聲，最後乖乖把牛奶喝完。

　　有時我們生命裡的糗事竟成為記憶最深的趣事。

　　享用完牛排烤鴨，我步出餐廳，正好迎上滿天的煙火。

　　原來今天有煙火！黑夜裡的布拉格城閃亮的讓人驚嘆！

　　今天也許是布拉格特別的日子，所以布拉格城很早就反常的

布拉格城的喧嘩煙火

空蕩。

　　今天也算是我特別的日子，這一天的起伏實在精采。

　　布拉格是一個被童話了的城市，但它還是存在現實世界裡。
現實世界需要童話，也需要清醒。

**思念的出走**

布拉格城的喧嘩煙火

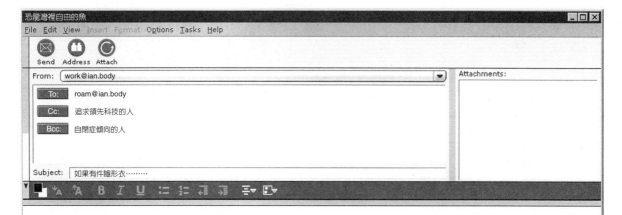

**Dear出走：**

自從我們的生活裡開始出現電話，然後傳真機，然後電子郵件，然後傳呼機，然後手機，世界就愈來愈小。
所以很難想像，飛鴿傳書，驛站快馬，和「家書抵萬金」，是什麼情況！
古時候的人，相隔兩地真的很辛苦。如果蘇武和王寶釧可以寫fax和email，時間就不會那樣被浪費了！
科技相伴的生活是怎樣？當科技愈來愈發達，我們要學的東西反而愈來愈多： PDA、數位相機、MP3隨身聽…
當然有一天，也許這些東西都會全被設計在一隻手錶或手機裡；（然後我們又要開始重新學習！）科技產生的
後遺症是什麼？當世界隨科技愈來愈小，我們有沒有知覺到，它已經小到讓我們無所遁形！
我發現自從人手一機之後，大家突然可以很快的找到大家。大家的手機總是隨身攜帶，長時間待機（日本人甚
至用手機取代家用電話！）如果正在通話，可以插撥；如果關機，可以留話。當有效率的手機號碼（沒有停機
或換號的狀況下）開始相互傳遞，我們真的是在一個「無障礙的空間」裡溝通著。
大家開始習慣去記錄手機的10個號碼，開始遺棄之前常用的8個號碼。
可是有時候我們並不想隨時接到電話，不想接電話的時候，有一些花招可以應用，像突然一直說：「喂喂喂！」
表示通訊不良；像用「來電顯示」決定電話接不接聽；像乾脆關機，再說電話沒電。
只是當大家都用同樣的花招時，我會懷疑花招，還能不能算是花招？
但是有一點結論可以被成立；大家都希望隨時找到別人，都不希望別人隨時找到自己；大家一面變得更透明，
一面急著找尋隱形的方法。

 下一頁

我的朋友如果打手機找不到我，就會這樣罵我：「不開機幹嘛辦手機？」（其實我也常常用這句話來罵別人！）

對我來說，手機是我在星期一到星期五——工作日的連絡工具，我在週末從不開機。我以為關掉手機，可以過濾親疏。我總是輕鬆地給別人手機號碼，但嚴肅地給別人家裡的電話號碼；真正親密的人有要緊的事時，會打家裡的電話給我。

這是我的一點堅持，我只能用這樣的方法縫製自己的隱形衣！

沒有辦法想像24小時隨時待命，隨時赤裸裸暴露在陽光下的感覺！24小時裡，我總希望能有幾分之幾的時間可以穿上隱形衣，只在自己的世界裡休息喘氣。雖然，別人很容易就知道，我的存心故意。

我們早就失去了神不知鬼不覺去隱形的自由！以後科技愈進步，我們愈容易被發現。只要一上網就有人會Q到你；電子郵件到了會有訊號提醒你；寬頻讓傳輸不再有慢和擠的藉口；手機最後變成隨身上網的電腦。

我們被科技包圍了！感覺就像本來是一場叢林戰的，但叢林逐漸被砍伐殆盡，所以每一個目標再也隱藏不了。

科技的力量無所不在，人類的適應力驚人，當我們習慣與科技共同生活，有時想拔掉所有的插頭。遠離科技，竟然會感到焦慮！

我們一心要用科技操縱環境，環境卻讓科技駕馭我們。

這真是一件諷刺的事！科技會帶領我們走向更方便；方便不等於快樂幸福，但我們一直致力於發明創造，就是因為，以為能得到更快樂幸福的生活。

這是怎樣的悲哀？

我會非常，非常珍惜，當我還能穿上隱形衣的時候；雖然這件隱形衣日漸殘破，雖然不知道那一天，這一點奢侈都會不見了！

**Miss 工作**

工作語錄42：科學家創新科技，現代人善用科技，文明的天秤才會平衡。

 上一頁

0422

**親愛的工作：**

黃昏，我站在海神廟前呼吸海風。

鹹鹹濕濕的海味，沉沉暗暗的石堆，深深濁濁的海水，摻和著黏黏燥燥的天氣。

這裡是巴里島，在烽火的印尼中尚未被波及的一方淨土。

這裡是海神廟，海神掌管潮汐與月亮，主宰島上居民的命運。

漁船啓航前的膜拜，求的是滿載！

無常的雨浪濤天務必離去啊！去換回一抹平和的朝日與晚霞。

海神與巴里是一個永遠的故事。

看起來兇惡的神像讓我迷惑害怕，卻是這裡根生的、心裡最終的信仰，堅固不破。

海神廟與亞洲其它地方的廟宇類似，但細看卻又有不同，它不是日本溫婉的淺草寺，閃耀的金閣寺，它不是泰國的金佛與玉佛，它是巴里的海神廟，有濱海的韌性，有抗海的豪氣，和勃勃的生命力。

前進海神廟的大路兩旁是民俗玩意兒，一攤挨著一攤，草編的、布染的、吊著、擺著，是一路的眼花撩亂……

我站在像晾著的一塊塊沙龍攤前，亮眼的藍色、橘色，印上太陽與神與抽象；沉默的灰色、綠色，種著大朵大朵的花，沙龍隨風飄揚形成一片風景。

還是同以往一樣猶豫不決，於是挑挑撿撿，竟然七條在手！原來我私心想帶走一

巴里島的海神廟與海浪

道彩虹！

我最喜歡的那條，是一片粉紅。綴著跳躍的綠草與桃花，圍綁在身上，像是圍綁著整季的春天，可以招蜂引蝶。

放棄討價還價，因為對於下了心要的，我總是大方爽快。

乾瘦黝黑的巴里人，是讓人熟悉的。生意人精明討喜，孩童仍是天使，我們畢竟一同是最古老陸塊的子民。

我想到我們的媽祖娘娘。媽祖是我們岸上的燈塔，她的慈眉善目與千里順風，是留傳的安心與依靠。

在Jimbaran的沙灘上，我把烤龍蝦、螃蟹吃得口沫橫飛，新鮮的肉，厚韌香甜，還滲著一股海的野味。

這裡是海的故鄉，面海遠眺，可以看見天堂。

迎風嘶叫，連天連地的海啊，究竟蘊藏著怎樣的力量？

我只能嘆息與神往。

**思念的出走**

巴里島的海神廟與海浪

**親愛的工作：**

　　那帕山谷（Napa Valley）位在灣區的東北方，遠離市區的擁塞之後，一片的遼闊寬廣，彷彿讓心靈可以有空間完完全全地深呼吸！環山不高但連綿，坡坡起伏的綠，延展至道路兩旁的葡萄園，我把車上的音樂調換到鄉村歌曲，讓一支支的慵懶輕快，與窗外的美景合而為一。

　　這裡是舊金山最有名的酒鄉，但，這個酒鄉一點也不溫柔纏綿。

　　那帕山谷裡有許多家酒廠，這些酒廠，供參觀，也供品酒，而我，選擇在Di Robert Mondovi 歇息停留。

　　酒廠外的葡萄園裡藤枝纏蔓，門前的樹蔭下是三三兩兩的木桌、木椅，形形色色的人群裡有攜家帶眷來自世界各地的觀光客，多數的臉上都漾著笑，是山谷繚繞的浪漫和葡萄酒醞釀的罷！

　　酒廠瀰漫一股陳年葡萄的優雅，一排排紅酒、白酒，1995、1996、1997，整齊地列在酒架上。蔭涼的酒窖裡滿是封藏好的巨形木桶。我在遊盪時盡力讓嗅覺靈敏，因為這裡的空氣裡有花草香，有蜂蜜香，還有每一個揮發在四周，葡萄酒的氣泡香！

　　含笑有禮的主人遞給我一只酒杯，然後詢問我，想先試那一款。

　　我不是專家，也從無心研究年份間的不同。我只知道葡萄不喜歡下雨，因為那會釀不出醇厚的好酒。

那帕酒鄉的藍天白雲

　　試試新酒罷，我說。

　　當金黃的液體在酒杯裡搖晃時，我聞進了一股難以言喻的鮮濃，接著舌尖上的每一個味蕾甦醒，然後順著喉嚨向下漫延，身體整個溫暖了起來。

　　挑了一瓶主人推薦的紅酒，我走到外頭的草地躺下（我真可以這樣恣意放肆啊！）拿出帶在身上的裸麥硬麵包準備野餐，卻懊惱地發現忘了帶乳酪來！

　　沒有乳酪，紅酒怎能算是享受？

　　主人告訴我這附近沒有賣乳酪，我除了可惜，也只能放棄。

　　到Napa Valley要帶cheese，下次我會記得。

**思念的出走**

那帕酒鄉的藍天白雲

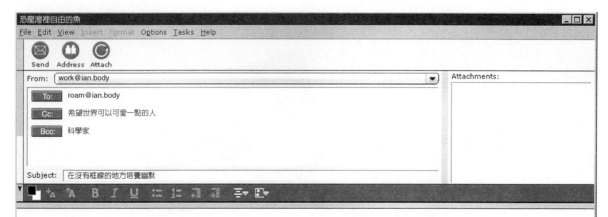

恐龍灣裡自由的魚

File　Edit　View　Insert　Format　Options　Tasks　Help

Send　Address　Attach

From: work@ian.body

To: roam@ian.body
Cc: 希望世界可以可愛一點的人
Bcc: 科學家

Subject: 在沒有框線的地方培養幽默

Attachments:

**Dear出走，**

世上有很多未知的東西，因未知而神秘，它們讓我們的生命變得有趣。

印加帝國、百慕達三角洲、羅茲威爾事件…我們以有限的智慧，解不完現存的所有謎底。

所以在這塊奧妙的宇宙裡，有一角在百科全書、牛頓或愛因斯坦學說裡找不到的地方。

這一角地方可以延伸無限想像；想像沒有絕對的合理與對錯，我們可以從想像裡彌補對未知的空白與茫然。

我很喜歡看倪匡的科幻小說，國中的時候上課偷看，現在睡前也會看，有些故事重複了兩、三次都還覺得新奇！其實原因很簡單，科幻小說多半寫的都是很遙遠的事（或是感覺至少是在西元3000年以後才會發生的事！），所以不論在西元1960年來看，或西元2000年來看，都同樣好看！

我最記得「頭髮」，這是一個關於和外太空連結的故事。為什麼人類需要頭髮呢？人的每個器官都各司其職，但頭髮要做什麼用呢？保護？保暖？還是掩蓋頭顱內的秘密？

「快活秘方」的故事也很精采。快活的意思不是快樂，而是快快把生命活完。快活秘方，是一種讓人的靈魂快快脫離肉體，以獨立生存的方法。馬雅文明為什麼突然消失？會不會因為他們找到了快活秘方？肉體的長生不老，為什麼反而是人類一直在追求的目標？人，是不是很難參透捨棄肉體這關？

還有另一個叫做「玩具」的故事。整個地球是一個由外星人操縱的實驗室，地球人就是白老鼠。地球人有一天會不會知覺到自己只是白老鼠？如果知道了會怎麼辦？如果要逃，能逃去那裡？

由問號引發的故事總是以驚嘆號結束！

每次閱讀都在累積我的天馬行空。我的想像世界裡裝載著殭屍、飛碟和中國功夫，有些思想我抱著懷疑，有些

 下一頁

則讓我大感驚奇！原來跟隨別人的腦神經走，竟可以找到一片想都沒想過的天地！

倪匡先生曾對一些窮追不捨，老愛討論情節合理性的讀者說過一句很幽默的話：世界上並沒有衛斯理。

這是我小學六年級在一篇倪匡先生的專訪上讀到的，一直記在心裡。

現實世界裡需要一些幽默感，幽默感可以在想像世界裡得到。

現實世界是一幅人體素描，素描重在求真求像；想像世界是一幅抽象畫，解釋全依偏好。沒有幽默感的人會批評抽象畫不切實際、沒有主題、功力拙劣；沒有幽默感又欠缺風度的人甚至會漫罵抽象畫浪費國家資源，造成經濟倒退！

動肝火傷身又傷心，不如動腦來緩和情緒！

也許我們忙著過生活，沒有時間使用自己的想像力，不妨偶爾借用別人的想像來滿足自己。借用別人的想像來滿足自己，也算是動腦。大多數的人致力於動腦發明太空梭、藍芽或是全球定位系統來滿足現實世界裡的夢想，其實也有少數人致力於動腦完成想像世界裡的夢想。

像倪匡的科幻小說，像史帝芬史匹柏拍攝〈侏羅紀公園〉。

當我在電影院裡感受恐龍就在四周的身歷其境，當小時候所看的圖片突然可以活動，想像竟已加上了畫面，更靠近現實。

我們應該向夢想實踐家敬禮。

當然我們可以做評論家，抱怨劇情的鬆散與不近寫實，但我們也可以大聲說：世界上沒有衛斯理。

世界上並沒有衛斯理，所以想像可以放輕鬆。在想像的過程裡，我們都是比實際年齡輕的孩子，可以有好奇和不安份的情緒。好奇和不安份，往往是幽默感最大的因子。

人生是一個不斷在耗損好奇和不安份的過程，好奇和不安份是時時需要補充的能量。

幽默感可以是一個寬闊的胸襟或是另類的想法，最重要的是它可以自娛娛人。

當我們在想像的世界訓練出幽默感，自然對現實世界存有包容。

包容，也許是在這個錙銖必較的環境裡，我們最需要的態度。

**Miss 工作**

工作語錄26：讀科幻小說不必記重點劃紅線，但腦子和心都要完全打開。

 上一頁

**親愛的工作:**

躺在凡爾賽宮（Versailles）前的草坪上，我會想到朱熹。

自從國中讀過《四時讀書樂》之後，就一直對朱熹這個人充滿了好奇。

為什麼有人可以把讀書，當做是一件那麼快樂的事？連大自然的遞嬗都關乎感恩和賜予？

在升學壓力下苦不堪言的你，想必當時更會覺得誇張與不可思議罷！

其實離國中課本年代已久，我也記不得春夏秋冬，到底有怎樣的讀書樂了，不過此時，這樣的想法就自自然然地浮出腦海。

也許這裡的風景美得像詩，也許躺在草地的人幾乎都有帶書。

人與人間的相互感染力，竟是一種驚人的毛細現象呢！

是風景醞製了讀書的好環境和好心情？還是讀書培養了欣賞山靈風動的雅興？

凡爾賽宮森林綠草

我不知道，但很有興趣親身體驗。

　　下次來凡爾賽宮，除了要再赤腳沾染更多的青草味，我還要帶本書。

　　無關附庸風雅，我只是想，也許可以稍為體會「好鳥枝頭亦朋友，落花流水皆文章」罷！

　　雖然最後，我可能會帶著《哈利波特》（我不禁又想著，朱熹讀的都是什麼樣的書？）因為我得確保自己不會好夢酣甜，白忙一場。

凡爾賽宮森林綠草

**思念的出走**

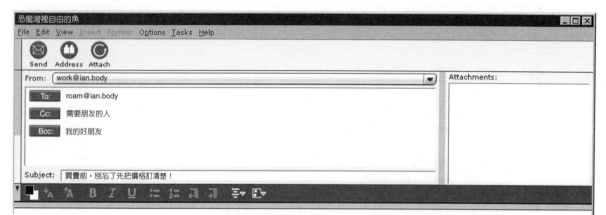

File　Edit　View　Insert　Format　Options　Tasks　Help

Send　Address　Attach

From: work@ian.body

To: roam@ian.body

Cc: 需要朋友的人

Bcc: 我的好朋友

Attachments:

Subject: 買賣前，別忘了先把價格訂清楚！

**Dear出走：**

每個人都會為生活在自己四週的人標上價格，只是價格的單位不是紙鈔或銅板，所以往往不知覺的被忽略。

所有的消費行為發生之前，我們都會經過一道手續：衡量標籤上的價錢和心中的慾望是否相符。如果把所有與人接觸的行為當作是消費行為，那麼我們隨時都在交易；隨時要注意標籤上的價格。

我們和老闆交易的價格是把被要求的事做完換取薪水；我們和街上市調員交易的價格是填完問卷後換取試用品。

若有一天我們不再願意把被要求的事做完換取薪水，那可能就是跳槽的時刻。和老闆的關係可能轉換為朋友，仇人或陌生人的交易行為。

沒有互換不能算交易，沒有交易不算是與人接觸的行為。

什麼人的價格最易波動？我覺得是在我們四周活動的朋友。

我們花很多時間在朋友身上，喝咖啡打球，講電話寫email。

朋友比同事、路人、小販來得重要，因為相處間有默契；朋友熟不過親人，信賴安心很難達到百分之百。

在信賴安心的百分之一到百分之百間是朋友的價格帶，有震盪起伏、新上櫃、倒閉。

新交的朋友行情特好，價格飆高，接觸行為較密集；陳年的朋友價格穩定，自認心意相通，接觸行為反而不多；撕破臉的朋友比陌生人還不如，人類自尊心的硬度比鑽石還高。

每個人依隨自己的心志調動朋友的價格，價格調動後所反應的行為也跟著改變。

今年跨年倒數的時候，我正在忙著傳簡訊，與Stephanie通上電話，她說要送我一樣新年禮物。

我的新年禮物是一隻拇指甲大小的貓。

 下一頁

File Edit View Insert Format Options Tasks Help

Send  Address  Attach

繫著鈴鐺的白色小貓笑的非常開心，最特別的是牠的肚子上畫著一顆淺粉紅色的心。

Stephanie說這是一隻祈求愛情的貓，因為她覺得我最需要一份美好的愛情。Stephanie最後殷殷叮囑我，要在太陽露臉的好天氣時，用兩隻手握住小貓，面對東南方拜三次，儀式還要在一大早舉行。完成之後要把小貓隨身帶著。

我非常的感動，感動到願意遵守所有的規則（通常我對於這類，沒有確切成功案例可尋的事，會採取不信的態度！）在第二天特意起了大早，確認了東南方的位置，然後很虔誠的拜了三次，現在這隻小貓乖乖地躺在我的錢包裡。

我的虔誠不是來自對愛情的渴望，而是來自於因Stephanie被升高的價格的反應。曾經有人出一萬塊要和我買我的手機號碼，因為唸起來非常順口好記，我毫不考慮的拒絕，因為那是朋友大費周章挑來選去的心意，這份心意的價格不容輕易交換。

有時算算自己對朋友拒絕或答應交易的價格，我們能推算出自己對自己的訂價。

明明不想去唱歌，朋友一吆喝還是去了；朋友把自己的秘密像號外一樣傳播出去，很氣卻沒有翻臉；為了爭一個男人對朋友說謊…

在許多回頭來看不可思議的行為中，我們可以發現自己「多一事不如少一事」、「怕改變怕寂寞」、「自私又不願被揭穿」等等的毛病。

這些毛病是人性，沒有對錯好壞，只是在程度上影響價格。

為什麼把價格訂清楚很重要？

我們在與人接觸的行為上，一樣也喜歡佔物超所值的便宜，一樣也不喜歡買到瑕疵品。

衝突或是不好情緒的發生，往往起因於我們的期待心和真實價格其實不符，但以為相符。

價格訂錯要立刻修改。

把我們的人生比喻成一個市場，如何保持交易熱絡是一門重要的學問。你的市場可以是在百貨公司、在精品店或是在夜市；但有行無市，不行！跳樓拍賣，不行！因為那可違反了永續經營的法則。

**Miss 工作**

工作語錄27：人生的買賣要貨比三家，要正派經營，還要小心注意，因為多半不能退貨！

 上一頁

**親愛的工作：**

　　總結我的紐約行，我會形容那是一場有趣新奇的災難集錦。

　　第一天，我的牙齒矯正器在領教了紐約硬麵包之後，鋼絲硬被扯出了軌道，牙齒也跟著移了位！疼痛不說，照鏡子時才更煩更惱。

　　第二天，夾在彎彎扭扭的人群裡買舞台劇的票，好不容易進了booth，〈貓〉沒票，〈日落大道〉沒票，〈悲慘世界〉沒票；最後我只能選擇〈國王與我〉，然後發現是第一排最右邊的票！害我睡也不安穩（聲光音效夠震撼！）看也不安穩（脖子近乎90度左轉，酸累難當！）

　　第三天，到華爾街附近，踩著滿是針頭和玻璃碎片的馬路，邊走心裡邊毛，原來同性戀大遊行方結束，抗議叫囂的人群在電視螢幕上像失去理性的野獸。

　　第四天搭地鐵，正在慶幸恰好碰上電影拍攝，看著一位穿著土褐色長風衣，手提公事包，前額微凸的男演員，為一個跳進地鐵車箱裡的鏡頭來來回回，在每一班地鐵停下來的時候快快衝進去又快快衝出來，覺得好笑不已！直到後來出站，看到一群拿著對講機的警察，才知道一小時前地鐵發生搶劫殺人，兇手逃逸。

　　其它，就更別提我在燒水時不小心把旅館古董級的老舊棉被燒破一個洞；為了省錢，天天

a brave, a player, a sculptor
seek for faith, hunt for flickering smiles, win an encore

時代廣場四壁塗鴉

往韓國人開的自助餐廳跑，只選炒飯和蔬菜，最後聞到了那股子酸甜醬的味道就飽；興緻勃勃登上帝國大廈，卻碰上下雪（近四月的春天，還能如此雨雪紛飛！）灰茫茫的一片，根本看不清紐約全景。

雖然也在唐人街裡吃到了實惠的燒賣燒鵝；也在拿玻里公園乘上通往自由女神的渡船；也在21世紀百貨公司意外發現一件美金72元的BCBG美麗洋裝；也在洛克斐勒廣場上看著男男女女無憂的溜冰；也搭遍每條地鐵，穿過擁擠的人群、冒著白煙的暖氣洞出口和滿是塗鴉的街；雖然現在想想當時的沮喪挫折，竟只是一笑！

每次聽起別人說紐約，總可以眉飛色舞、刻骨銘心，而我，卻無法那麼感同身受。

但我還是體驗了一個與眾不同的紐約！我描繪了一個屬於自己的紐約印象，說與他人時，

不是那麼客觀，卻是那麼真實。

旅行裡的各種情緒其實都可以好好珍藏，因為我發現回憶總是甜的，我們的心早已溫柔的把曾經的遺憾轉換為希望來儲藏，希望這就是下一趟旅行的種子，會在神妙的時刻發芽。

我還是期盼著下次的紐約行！

**思念的出走**

時代廣場四壁塗鴉

**親愛的工作：**

　　黃老先生守著段希文將軍的陵墓，已有十六個年頭。

　　黃家福，雲南人，今年72歲，15歲那一年成為中華民國軍人，追隨段將軍打共軍。

　　現在，他住在美斯樂（MaeSaLong），同他苗族的妻和稚齡的子。

　　美斯樂，是一個很悲傷的地方，這裡的故事是由一群孤軍寫下來的。

　　為著當年信誓旦旦，要一鼓作氣反攻大陸，在雲南節節敗退的國軍，約有二萬人沒有撤退臺灣。他們在緬甸暫棲著，等待進一步指示。只是誰能料到，這一等，就等到現在。

　　等待竟是童顏到白髮，這般漫長無望！

　　祖國並未收復，緬甸無法久留，最後被迫遷徙到泰北的美斯樂，但美斯樂終究是別人的土地啊！他們沒有家，可是多盼望有個家啊！

　　帶領著孤軍的段希文將軍，於是和飽受共產黨威脅的泰國政府協商，以負責對抗共軍，保衛邊境安全的條件，換得在美斯樂的自主權，讓美斯樂，成為孤軍的家。

美斯樂的如火聖誕紅

黃老先生一身軍裝，左胸上是青天白日的軍徽，見著生人便敬禮，乾瘦卻筆直硬朗。

　　「當初段將軍同泰國政府說，我們一定要有中文學校，一定要升中華民國的國旗！」黃老先生說起故事，常常慷慨激昂地喘不過氣。「所以我們非常感謝段將軍！」

　　「段將軍死了以後，原本有人輪流守墓的，可是後來沒有辦法供給薪俸，就沒有人管了，但是我從15歲就跟著段將軍，所以我要一直守在這裡！」

　　我的淚水不聽使喚，他是我的同胞手足！他的心是一片純潔忠貞！

　　現在住在美斯樂的居民，如果要到臺灣，必須辦理簽證，臺灣從來不是故鄉，也從來無法渴望！

　　美斯樂的坡地上栽種著一株株的聖誕紅，似火的怒髮衝冠。

　　聖誕紅是西洋傳統節慶裡的歡樂象徵，卻在這裡展現出旺盛的生命力；孤軍永留忠肝義膽，卻在這裡世代綿延！

　　花魂若也有知有覺，會不會泣血哀鳴？我彷彿感受這裡的聖誕紅，是特別的紅，特別的紅……

　　一大早繞行曲折的山路來到美斯樂（山路顛簸更甚九彎十八拐），沿路有太陽相隨；

美斯樂的如火聖誕紅

　　　　清晨的太陽是飽滿的橘紅色，離我是那樣的近，近到可以發現原來
太陽是那樣的圓！當太陽愈升愈高，天色愈見光亮清明，最後，掛在遠處的太
陽，終變成了耀目刺眼的金球！

　　「送炭到泰北」，我突然明白了！為什麼這裡需要炭火？即使晴日當空，我依然為那
錐心的落寞寒霜，覺得淒涼冰冷。

　　炭火要暖的，是心。

**思念的出走**

美斯樂的如火聖誕紅

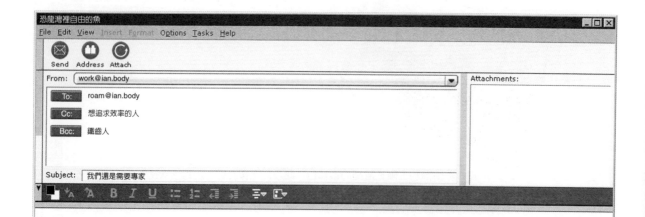

File　Edit　View　Insert　Format　Options　Tasks　Help

Send　Address　Attach

From: work@ian.body

To: roam@ian.body

Cc: 想追求效率的人

Bcc: 鐵齒人

Subject: 我們還是需要專家

Attachments:

**Dear出走：**

每當我閱讀到大聲疾呼「旅遊自主、丟掉導覽書、讓心隨意飛」的文章，總會想起每次會到書店買旅遊書作功課的你。

基本上我能認同，人在自主的狀態下可以獲得更多紮實的快樂。

但我更堅持專業分工以及時間利用最大化的重要。

上回在西班牙，依著指南書，你終於在幽曲的巷弄裡找到傳說中的好吃海鮮飯！看著熱氣蒸騰的一顆顆金黃米粒，你突然忘記了把那條路來回走五、六次的怒氣和酸軟發抖的雙腿。

也許西班牙還有更棒的海鮮飯；海鮮飯棒不棒，本來就只是個人偏好作祟。

也許憑著自己的鼻子嘴巴和冒險犯難的精神，會讓這趟海鮮飯搜查之旅更值得回味。

但你只會待在馬德里三天，你還要去看鬥牛、去品嘗塞哥維亞的烤乳豬！旅行的時候，時間很難不切割得很零碎。

旅遊不是上班族的生活主餐，而是可以偶一為之的奢侈甜點。甜點的美味是要時間、預算和情緒的完美結合才可以享用到的。

甜點可以自己做也可以出門買。

 下一頁

但我只提醒一點：若是下定決心要做一個美味的蛋糕，應該先選擇去找一本合意的食譜呢？還是把廚房當成實驗室，從量多少麵粉、多少蛋開始摸索？

上班族有多少天的年假？有幾個月的年終獎金？有剩下多大容量的腦袋？

如果參考把旅遊當成生活主餐的人的建議，至少你是有效率的，而且你並沒有失去把菜單變點花樣的自由。

按圖索驥有按圖索驥的樂趣、實驗有實驗的樂趣；但坦白說，我不認為多數人能負擔實驗的成本。實驗，交給專家，多數人分享專家的結論就夠了。

我們四周有很多的專家，將來還會有更多各式各樣的專家冒出頭來，等著為我們服務。

當影評人為新片分等級；當設計師服裝秀與時尚雜誌在預告下一季的流行款示與顏色；當分析師教你買賣股票，營養師教你怎麼吃…我們其實應該謝謝這批專家。

專家提供從大方向原則到小的細微末節讓我們選擇，他們不是老師，所以不會評斷我們的好壞；他們是顧問，希望我們得到滿意而肯定他們的價值。

專家也代表著主流世界的認同，這點對於群居的動物來說舉足輕重。

旅行的時候，我們選擇要去的地方，除了考慮自己已經去過那裡與季節之外，也會想到大家都去過那裡、都想要去那裡；能當上領先者或是跟隨者都是可以驕傲得意的事！

有人不相信專家是因為質疑專家的素質。很像我們常常會聽到：「這樣的聲音也能出唱片？」、「這樣的人憑什麼出書？」

並不是每一種專家都需要經過考試，若沒有培養專家的一統標準，專家的素質很難被論斷。

專家可能主觀，專家也需要練習熟能生巧。

專家有被批判的義務，我們有批評的權力。因為專家可以利用公共媒體，傳播自己的主張形成一股力量，他們的主張本就應該被檢視與討論，他們的主張本就可以被推翻或成為學說。

但當我們在抱怨的時候，偶爾必須承認，這樣的人出的這樣的書，可能是銷售常勝軍！銷售數字的背後代表著需要被滿足，而這也是存在的價值。

市場會對素質做出反應，只要符合需要，供給就會繼續存在。

 下一頁

自以為專家的人太多，市場會進行調節。我們倒不如樂觀的想，可以選擇專家的機會多了，不也很好？

其實我們內心都有想當專家的成份，所以會洩露不服氣的情緒。

在我們努力成為專家之前，我們還是需要專家。

專家的話有時是聖經，有時是笑話，它們可以是照世明燈或調味生活的鹽巴。

也許我們該自我訓鍊的，不是對專家的挑剔，而是在面對資訊紛至而來時，鎖定的選擇吸收的能力！

從深信不疑、盲從、反省，到獨立思考也是一個好的學習過程。

曾有人告訴我：「如果沒摔過，不會知道痛！」但人總是在追求進步罷！我想我會對「明知山有虎不往虎山行」的人，或者「明知山有虎，帶著武松或獵槍一起行」的人抱持更高度的尊敬。

我們不一定要藉由摔來知道痛！當我們確定要摔的時候，請務必記得把護膝穿好！

**Miss 工作**

工作語錄7：專家不是天生所以無法萬能，但有些話倒可以聽聽。

 上一頁

**親愛的工作：**

　　從太陽門（Puerta del Sol）到馬約耳廣場（Plaza Mayor）是屬於馬德里的老街區。混雜一股野性與擁擠，窄窄彎彎的古樸磚道，彷彿隨時可以聽到走路的踢踏回音。

　　在午後2時來這兒閒晃，會覺得時間竟然可以流動得這樣緩慢與安靜！

　　這會兒是整個西班牙休息打盹兒的時候。

　　圍繞在馬約耳廣場附近的是一家家風格各異的餐廳，Bodegon，或是Cerveceria（站著吃的小攤），昏暗的氣氛加上閃著明亮的紅藍霓虹招牌，幾乎是大家的共通特色。有幾家在門外擺著幾個圓桌，撐起白色遮陽傘，讓戶外的炎熱陽光，招攬一些想來杯冰鎮啤酒的人。

　　因為用餐的時間習慣與西班牙的相差太遠，在這兒，我幾乎永遠是留連在每一家小吃店前，在每一盤色澤鮮豔，賣相新奇的Tapas（像是油炸小烏賊、醬醋章魚…等等）間，猶豫不決……

　　不會主觀地去評斷美味的等級，我只會充滿感激與喜樂的品嚐從未體驗過的異國風情。但是，每一次，我一定會點一壺Sungria！

　　Sungria是一種看起來就會讓人開心的飲料，（或者嚴格說是一種雞尾

馬約耳廣場鴿舞滿天

酒）喝完一杯，你可以馬上感受到那股強烈的後勁。甜膩還在喉間溫存，酒精卻已在腦子裡發酵！

　我真真喜歡那股水果的香與甜與特別！

　玻璃杯裡冰塊搖曳，紅色的液體渲染著一點點的橘和黃，果汁的清甜混和著葡萄酒的醇厚，喝著，你會覺得自己很西班牙！慵懶、閒散、熱情、快樂……

　坐在廣場石柱下，有些微醺，我不自禁的微笑，看著一群嬉弄鴿子漫天飛舞的孩子，聽著四周美麗流順的西班牙文對話，瞇眼望這著藍的懾人的天。這裡就是西班牙，工作，好像就是會辜負了這片天地的美好！

　也許時間久了，我會慢慢開始忘記西班牙有名，但真有些奇特的蔬菜涼湯（Gazpacho）、名不虛傳的海鮮飯（Paella a la marinera）和好棒的蛋捲餅（Tortilla），但我不會忘記Sungria的滋味，西班牙的滋味…

**思念的出走**

馬約耳廣場鴿舞滿天

**親愛的工作：**

　　現在的我，實在睏倦地不得了！

　　起了大早到蕾提洛公園（Parque del Retiro）散步看天鵝，接著在Lefities店前等開門血拼，下午安排去看了場鬥牛，隨著飛舞的紅旗驚心動魄之後，又參加了另一個欣賞佛朗明哥舞的行程，好不容易回到旅館，就跌進床上，再也不想起來。

　　在看佛朗明哥舞的時候，我的眼皮早就已經不聽使喚，迷離中，好像分不出舞臺上有幾位佛朗明哥舞女郎，雖然一直很努力地告訴自己；「不能睡，不能睡！難得才來一次！」

　　台上主持人的英文偏偏持續地催眠著我，不懂爲什麼所有的外國人都可以被他逗得那麼開心？但我卻一點也不能欣賞他的笑話？

　　明明就不是很好笑嘛！

　　其實每次在國外看秀，都有同樣的問題：看著四週的人笑得東倒西歪，自己只能趕緊陪笑，表示也在進入狀況。

　　我還記得你曾在一群外國同事面前，用英文說了一個中國的

跳佛朗明哥舞的西班牙女郎

笑話，自以爲好笑，卻搞得大家冷得去滑雪。

　語言，眞是一門深奧的學問。但尙未參透之前，語言是可以讓我睡得更好的輔助工具。

　本想和你說說鬥牛有多麼血腥，鬥牛士有多麼玉樹臨風的，但我想，還是先睡一會兒好了。

P.S明明希望學起西班牙人的悠閒，但還是把行程塞得滿滿，狼吞虎嚥，果然消化不良！
如果，人也有四個胃和反芻能力的話，那有多好！

　　　　　　　　　　　　　　　　　　**思念的出走**

跳佛朗明哥舞的西班牙女郎

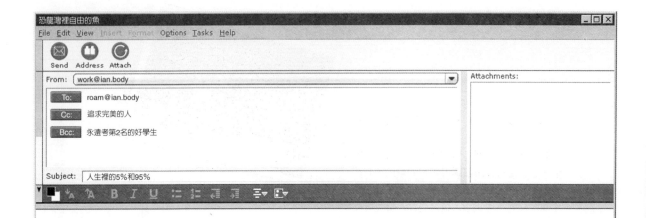

恐龍灣裡自由的魚

File　Edit　View　Insert　Format　Options　Tasks　Help

Send　Address　Attach

From:　work@ian.body

To:　roam@ian.body

Cc:　追求完美的人

Bcc:　永遠考第2名的好學生

Subject:　人生裡的5%和95%

Attachments:

**Dear出走：**

如果有機會可以悠閒吃飯的話，飯後你希不希望能有一塊巧克力蛋糕做ending？

吃完飯的肚子飽脹程度是85%，接下來巧克力蛋糕會占10%，剩下的5%，可以讓我們還能使用腦和腿來舒服的回味和走動。

有時我們會在內外夾攻的引誘下，不由自主地破壞這5%的美好。

譬如我們吃了16%的巧克力蛋糕，或者我們的肚子在巧克力蛋糕之前，就已擠到110%。

內在的引誘像是想要對自己補償和平衡的情緒，你可能因為失戀狂吃（可是不知這算是報復自己還是男友）外在的引誘像是「199吃到飽」、「吃七碗免錢」的宣傳花招，你可能貪小便宜而盡可能的不顧一切（可是人不是牛，人只有一個胃！）

破壞5%的美好也許還是到達了100%的境界，只是100%裡的比重不一樣，但多數狀況是我們已達到102%或110%。

在102%時，我們的腦袋裡還能想什麼？

當你吃得那麼撐，你的腦子絕對不可能在想：「如果現在能再來客冰淇淋的話有多好！」、「現在好想吃麻辣鍋！」

 下一頁

比較有可能出現在腦子的會是：「吃那麼脹好想死」、「真的吃太多了，肚子好不舒服！」

再夢寐以求的好吃東西在眼前，你都會選擇拒絕。

你求得了只超出2％的完美，竟然產生懊悔的情緒，也不願再想任何關於吃的事。

原來這小小的5％威力驚人！

它教我們「剛剛好」的道理。

5％告訴我們，100％很難成，102％很難受，95％剛剛好。

要把人生過得剛剛好，也得要注意5％。

我一直認為中國畫裡的留白是意境最高的手法。怎樣的留白叫留白不叫空白，就是運用5％的功力。

每個人都知道生命裡存在著5％。中國有句老話「見好就收」。

但不是每個人都有使用5％的勇氣，最後他們反而選擇到102％的地方去。

貪心、不服氣、太過自信、短視、缺乏安全感，再加上一個競爭的環境，誰會只成就95％？雖然明知一不小心就太過。

人生要學追求也要學捨得，萬物總是在兩極間尋求平衡。

我們的社會對每一個新生兒安排了一系列完整的課程來學追求，上學的時候有美術課音樂課，因為我們要追求心靈陶冶與美的鑑賞；學自然科學，因為追求對世界生命的認識並企圖改造它。我們追求朋友、追求財富、追求和平、追求快樂。

但我們沒學過捨得。

我們從來沒有接受過捨得的正規教育。

國民教育沒有讓我們明白世界的大，自己的小，所以「捨得」應當。

我們幾乎從來沒有討論過釋迦牟尼捨棄王子尊榮的心境，只在強調祂追求弘法的決心。

等到生命愈來愈複雜，我們必須面對承認捨得存在的必要狀況。

剛開始這幾乎要推翻我們從前建立的信仰，接著我們沒有前人累積的智慧可依，在不知所措下，有時反而抓得更牢、更多、更緊。

▶ 下一頁

萬一抓得巧妙，恰達100％；但沒有5％的100％缺少了什麼？

伴隨5％的人生比較新奇有趣，比較像在走迷宮尋寶的闖關遊戲；填得滿滿的人生是一張攤開來清楚明白的圖畫。

當我們在討論5％的價值時，也順道評估95％的結果。

想想吃到95％的感覺有多好呢？除了人最基本的需求幾乎被完全滿足，我們還多了一塊作夢的5％，誇大的夢可以自我娛樂，實際的夢可以是下一次肚子餓時的目標。生命有了動力和等待，我們會期盼每次吃飯的時刻。

5％是一杯酸澀的檸檬汁，餘味是甘甜。

飯後一杯檸檬汁，幫助消化有益身體健康！

**Miss 工作**

工作語錄29：退一步等於海闊天空等於得到包含5％的完美人生。

 上一頁

# 憂愁望著海洋的小美人魚雕像

**親愛的工作：**

經過了在曼谷轉機的烏龍後，我終於到了哥本哈根。

安徒生、哈姆雷特、北海小英雄、寒冷、A片、長長的白日和長長的夜晚，是我對丹麥的印象。

在步出機場的那一刻，我下意識的把衣領拉高，心裡有一股歡呼直往上冒：

終於到北歐了！這應該算是離家最遠，離北極最近的一次了！

星期六的下午，在斯特洛伊stroget大街上，我試著學習自得其樂。

丹麥的開放，在醒目的性學博物館裡表露無遺，手拉手的年輕男女，泰然自若的

進進出出，而我，只是面紅耳赤的邊笑邊跑開。

什麼是文化差異？這次我倒有了體會。

丹麥人（Nordics）長得十分、十分高大，讓我養成了抬頭的習慣；丹麥人多半金髮藍眼，膚色白的驚人又紅潤得像過敏，我看看自己的黑髮和塌鼻子，並不能理解，審美觀和進化論有沒有絕對的關係？丹麥人熱情好客，我感覺自己在每次把酒言歡裡，逐漸卸下拘謹。

丹麥人對東方的好奇與不了解，和我對北歐人的好奇與不了解，程度相當，許許多多的刻板印象，原來都那麼荒唐好笑。

我在第三天晚上參加了一個睡衣party。

每個丹麥大男生只穿著內褲（其中一個

a brave, a player, a sculptor
seek for faith, hunt for flickering smiles, win an encore

## 憂愁望著海洋的小美人魚雕像

穿著緊身超彈力型，搏得最多尖叫歡呼！）身上圍著條浴巾繞著圈兒，像印第安人般地吼著，酒精發酵後，在Aqua的音樂下手舞足蹈得更盡情。

屋外大約是攝氏零度，屋內卻個個汗流浹背。

我抱著碗吃著薯片，手握一瓶Carlsberg，一會兒下場和丹麥人跳一節舞，一會兒看著丹麥人耍寶的動作大笑，雖然，我穿著牛仔褲襯衫，惹得丹麥人老帶著疑惑的臉來問我：你穿這樣睡嗎？

隔天在丹麥人的帶領下，我看到了濱海的美人魚雕像（Denlille Havfrue），停泊在港口的Regina號——數一數二世界級大的貨輪，和曾上演著王子復仇記的克倫波城（Kronborg Slot）。

對於我快門不停按的動作，丹麥人疑惑地看著，他們手上從不拿相機的，但到最後乾脆加入拍照的行列，動作和鬼臉還更多更精采！

和丹麥人一同去吃希臘自助餐，我們對於彼此截然不同的食物，同樣覺得不可思議（你怎麼吃那種東西啊！）

看到端上餐桌的新鮮乾酪，我聞起來如牛糞般刺鼻，勉強一嚐最後猛灌開水；丹麥人卻如獲至寶，把碟子拉近好幾公分。不知道他們看見臭豆腐是不是一樣反應？

丹麥的女生喜歡打撞球和看足球；我喜歡喝咖啡和買衣服。

但我還是綜合了一些心得：

a brave, a player, a sculptor
seek for faith, hunt for flickering smiles, win an encore

## 憂愁望著海洋的小美人魚雕像

　　琥珀，是我最喜歡的丹麥寶石，因為它
黃澄中的透明清澈，像是善良純眞的眼
睛；Vikings，是我最喜歡的丹麥料理，因
為我可以想像自己戴著牛角鐵帽，不可一
世！Surbrod，是我最喜歡的麵包，因為那
獨特的酸味配上蛋與鮮生鮭魚，不知有多
美妙！Carlsberg，是我最喜愛的啤酒，因
為我總要永遠記得與丹麥人狂歡，使我變
成丹麥人的時候！

**思念的出走**

a brave, a player, a sculptor
seek for faith, hunt for flickering smiles, win an encore

1969

恐龍灣裡自由的魚

File   Edit   View   Insert   Format   Options   Tasks   Help

Send   Address   Attach

From:   work@ian.body

To:   roam@ian.body

Cc:   想去算命的人

Bcc:   怨嘆命薄的人

Subject:   我的算命理論

**Dear出走：**

我想和你分享我的算命理論。
「如果是付費行為，
沒目標有希望的人會去算命；
有目標有希望的人不屑去算命；
沒目標沒希望的人不需去算命。
如果是免費行為，
算命是接受度高，排斥度低的全民休閒。」

付費，是一種讓人會比較嚴肅思考交易價值的舉動，把付費加在算命上，可以把算命市場的門檻提高，所以不是所有人會參加算命。
沒目標有希望的人去算命，會得到「你現在內心很亂」的猜測，和幾個「如果…就會…所以…」的答案。
有目標有希望的人，沒時間知道結果，因為要一直朝清楚的目標認真努力，因為對結果有信心。
沒目標沒希望的人，消極，不願向未知表現出挑戰的態度。

曾在讀者文摘上讀到一篇，作者如何被訓練成一位線上靈媒高手的文章，作者的職業是記者，為了解靈媒而成

▶ 下一頁

為靈媒，這篇文章給我的啓示是：

能幫助人的靈媒並不一定要上通天、下通地，只要有一顆體貼的心和能言善道的嘴。

具備能夠熟能生巧技術的人，就可加入市場成爲靈媒。

因爲不一定能上通天下通地，靈媒不一定能神準百分百，也就無法嚴肅，無法讓每一個人信服到願意付費嘗試，所以靈媒還要學習銷售技巧。

如果算命需要付費，那麼以上就是付費的風險；你不知得到的是謊言、安慰，或真理。

如果算命是免費，那麼以上就是它可以成爲全民運動的原因。人人有成爲靈媒的潛力！免費算命市場的進出障礙都很低，大家可以自由參加！

給你一個不用花錢的機會，探索自己未知的命運，不管準不準，你想不想試一試？

你可能會試，因爲好奇驅使，人心脆弱。

從一個人的名字、面相、掌紋、星座、寫的字、抽的牌，都可以看出生命的玄機奇妙；上天其實洩漏了許多的線索來滿足我們。

最近辦公室熱衷用生命數字算命。

只要把出生年月日加加減減，就可以得出生命數字；只要把出生年月日的數字，按規則排列出一個九宮格，就可以從這九個數字裡看命運大勢。

特別對生命數字有研究的人，能憑著這九個數字，告訴你長篇大論，讓你嘖嘖稱奇！

辦公室的人，不管熱不熱衷，都把自己的生命數字算出來。不認真的人，新鮮感一過就忘了這檔事；認真的人，四處八卦討論。我也興致勃勃加入這個熱潮，得到一個覺得頗爲神準的結論，當然因爲是休閒活動，所以期望值也較低。

免付費的算命世界，人比較多，比較有趣。

有些人天生可以接收不尋常的超高頻率，眼耳特別靈光。

有些人不需精通五行八卦，命理面相，因爲生活的經驗累積了相當的智慧，就能鐵口直斷。

 下一頁

Send    Address    Attach

---

這些人就是意見領袖，追隨者寧可信其有，多半言聽計從。

我在做marketing plan的時候，喜歡先找老前輩諮詢；因為他們對市場瞭若指掌，判斷plan成不成，往往有80分的把握；同事的皮包上掛了一個小猴子玉飾，因為她的朋友跟她說，屬虎的人今年需要戴這類的東西。

生活裡四處都有關於免付費算命的故事發生，有時我們扮演求助者，有時我們是握著水晶球的吉普賽女郎。

原來世界上還有可以不付費就換來的精彩。

這是我用歸納法得出的結論。算命，就只是這麼回事，雖然命運的背後，山高海深！


  P.S

今天下午認識了一位新朋友，她的名字叫May，當我和她說著我的生命數字顯示在今年生日之前，我的命運將會有多慘；之後，我的命運將會有多好，而目前，我正在經歷那段「慘」的時期，May一本正經地告訴我，好運有半年的醞釀期，所以我已經在擺脫厄運，走向康莊，等待生命裡的大發大紫！

原本以為自己還要在黑暗中受苦受難到九月的。

你不知道我有多高興！

生命彷彿充滿元氣，我發現自己看世界的眼光明亮好多！

我很容易受人影響，是不是？

Anyway，謝謝你，May，你是溫暖的五月春風！


 

 

**Miss 工作**


 

作語錄71：我們要堅定信念，認眞努力，最後必可成為半仙。

---

 上一頁

**親愛的工作：**

現在是早上11點，我在Honululu，夏威夷的大島上。

剛在恐龍灣玩水，我著實被身旁眾多藍黃相間，灰底白斑的熱帶魚群們給嚇到了！

你相信嗎？只要把頭伸進水裡，不需要任何潛水用具或技巧，就可以看見這樣的風景。

再游遠一些，我發現每一段的風景是不一樣的，愈深的地方魚群愈小，體態愈纖巧靈活，色澤也愈見絢爛繽紛。

如果這是海龍王的皇宮，我會相信。

這樣的一片天地的確名副其實。

覺得自己也像是一條魚，心思突然很單純、四肢突然很隨意；我專注於水裡，簡單地以手划動的力道決定方向、在往下的石頭堆裡尋幽，找著珍珠。

玩累了上岸，我就躺在恐龍灣外公車站牌旁的石椅上，等公車回旅館。

七月的蟬鳴規律整齊到和整個環境的呼吸有著合拍的律動。

我的頂上是一片純淨的藍和幾抹浮動的白，原來天和雲可以與我這麼近，可以美的這般分明！

在恐龍灣自由自在的魚

還有樹木的綠油晶亮，那是披灑的「篩落的陽光」！

　　在徐風吹送裡，吸盡了它攜著的山靈元氣，整個人頓時鮮活跳躍，我不禁微笑，伸起懶腰！

　　腦子很空但也不急著填補；自在，不想著自己的短褲涼鞋和亂髮是多麼的不怡人；灑脫，對於久候不來的公車會不會延遲了接下來要去outlet的行程，也不是那麼在乎了。我想起了平常最講究光鮮，講究準時的你。

　　躺著躺著的眼皮沉重了，乾脆閉上眼。如果可以，我倒想小小的睡一下，享受一時半刻的好夢香甜，換得一整日的神清氣爽。

　　我想，大自然在不經意間，往往施捨得很闊綽！在領受這些闊綽時，我總是很快的滿足，很快的富有！因為簡單的心境有時竟會創造最大的贏家！

　　複雜的事可以看得簡單，簡單的事可以看得複雜。

　　我們住的這個地球複雜嗎？每個族群有自己的語言，族群與族群間有仗要打，人心永遠難測，結果永遠難料，這是大至國家民族，小至辦公室鄰居，每天在上演的戲碼。

　　我們住的這個地球簡單嗎？生活彷彿是一個個週期的輪迴，不易出軌。在有限的歲月裡我們努力創造永恆，但比薩斜塔終逃不了地心引力；在俯仰的天地間，我們只是一道公式裡的常數。

在恐龍灣自由自在的魚

在複雜的牌局裡，有時生手往往出奇致勝，因為他把一切看得簡單。

　　在簡單的山水裡，有時放慢腳步，反而悟出了複雜的真理，看透了深陷胡同的癡傻與不值得。

　　開闊的心胸會讓你在這個複雜與簡單的世間裡自在的悠遊，而且重要的是，你會比較快樂。

　　其實人生只不過是一場追求快樂的過程。但每種快樂的滋味如何，又是一個複雜的問題了！

**思念的出走**

在恐龍灣自由自在的魚

**親愛的工作：**

聖塔巴巴拉平均一年下14天雨，我到聖塔巴巴拉的時候正好在下雨。朋友說，謝謝我讓他們只剩13個下雨天！

灰濛濛的天空看來無精打采，我實在無法把這裡與高爾夫、溫暖的陽光、綠茵的草地，和喬丹最愛的渡假勝地聯想在一起。

早上到water front散步。

water front很冷清，可以烤肉嬉水的沙灘沒有誘人的香味和比基尼女郎。雨天的影響力對這裡是如此之大！

海鷗依舊是碼頭的固定風景，欺生的海鷗毫不客氣的停在我身旁，偶爾粗啞地嘶叫兩聲。

漁船在遠方的海上出沒，我無意識地眺望著漁船愈行愈遠，卻突然大聲驚叫起來！

我看到了海豚，我看到了海豚，我怎麼會看到海豚，我竟然會看到海豚啊！

雖然距離那麼遠，海豚就是群聚地在那兒跳著，海平面上出現一個個飛躍的弧形！

原來海豚真的是這樣運動的，我一直以為那是海洋世界訓練出來的姿勢。

不知道牠們的名字是茱蒂或約翰，不能很近地看牠們感受四濺地水花，但我有一種更真實的感受。我不是欣賞海豚表演，而是欣賞海豚生活。

真不敢相信自己的好運氣，這是我看過最具鮮活生命力的海

沙灘斜陽聖塔巴巴拉

洋！

　　上一回在舊金山的漁人碼頭，我看著海豹們癱懶在一起晒太陽，好久。

　　那些海豹讓我覺得，冬天的陽光直接灑在油亮肥厚的身體上，一定很舒服。

　　海豹們摩肩接踵，那麼親密地依偎著，好像也懂得，透過觸覺能傳遞最深的感情。

　　海豹的呼吸聲粗重得嚇人，吼叫聲讓我只想到一個句容詞：「響徹雲宵」。牠們是這般自在，連對唱的吼叫裡都聽見和諧的樂章！

　　當牠們想要舒展四肢時，便滾動身體滑進水裡，在水裡流順地游走。

　　在我的眼裡，海豚與海豹是多麼地單純幸福和美好！不知道牠們是不是也有煩惱？會不會哭？

　　經過牠們身邊，我只願在旁看著羨慕，並不叨擾，同時也給予衷心祝福。

**思念的出走**

沙灘斜陽聖塔巴巴拉

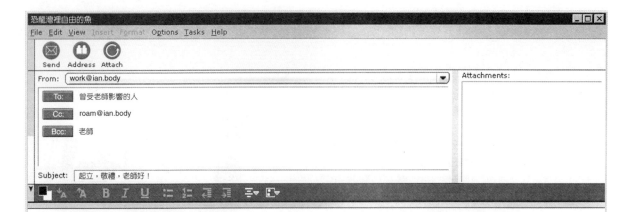

File　Edit　View　Insert　Format　Options　Tasks　Help

Send　Address　Attach

From:　work@ian.body

Attachments:

To:　曾受老師影響的人

Cc:　roam@ian.body

Bcc:　老師

Subject:　起立，敬禮，老師好！

中國人尊師重道；老師，排在天地君親之後，有極重要的地位。

師者：傳道、授業、解惑。

在求學階段，老師用課本領著我們。我們從六歲開始，把大部份的黃金時光花在跟隨老師。我們的學習模式是一對多的填鴨模式，老師在年輕的眼睛裡是崇高的象徵。

我曾經在大三的時候當過一年的兒童美語老師。

一開始上班，我就和一位小女生鬧彆扭，因為她老是舉手要回答問題，而我又恰好都沒點到她，這位小女生脾氣很大，她在生氣之後自動從第一排搬到最後一排，每次上課自己做自己的事，看到我們做遊戲就一副不稀罕的表情。

我非常不能理解為什麼對「老師」可以用這樣的態度（可能是代溝問題），明明知道小女生只是要人哄哄寵寵，我卻不想稱她意低聲下氣，所以乾脆把她當隱形人，看都不看她一眼。後來她就轉班了。

還有一次所有的小朋友央求我講鬼故事。我最不會講故事，心想用昨天晚上「X檔案」裡惡魔轉世的情節，隨便挑兩段來敷衍一下就好，但沒想到我竟說的活靈活現欲罷不能，小朋友個個聽得目瞪口呆，使我不禁佩服自己的本領。第二天有家長來請求我下次別再講了，小孩子晚上不敢睡覺。

我的老師經驗讓我體會到，當一個好的兒童美語老師，不能只會國中英文和唱遊發獎品。

有些汗顏，也許我在許多孩童的求學階段裡，並沒有扮演一個夠好的影響。

我國中的理化老師幾乎影響了我的一生。國二因為喜歡理化老師，所以考到全校只有一個的100分；我對作習題想解答的過程，充滿濃厚的興趣，也很熱衷進實驗室；國三因為討厭理化老師，所以分數永遠在60分左右打

 下一頁

Send　Address　Attach

轉，之後高中、大學、工作—我選社會組，看到化學符號就自然頭暈，志願不敢是科學家或工程師，對於唸電機化工的景仰萬分。

然後我變成現在這個樣子。

也不再特別埋怨以前討厭的理化老師，至少她開啓了我的另一個柳暗花明。我相信老師給的，就像新釀的女兒紅，不一定會在當下馬上飄散酒香。

在社會裡，我們也隨時遇到老師。只是我們少用老師這個尊稱，學習並不限在教室。

老師用經驗領著我們，由於自主性提高，思考力增強，和老師多了互動和討論，學習的成果不再反應在考卷成績單上，而反應在待人做事的邏輯上。

人生裡有許多老師醍醐灌頂的痕跡，在行為上、在思想上、在說話上。

一個人的行為，都有可能有意無意地影響到四週的人。當影響被落實，他，就爲人師表。

我的朋友或敵人都是我的老師，他們的一句話一個動作或一陣辱罵，都曾讓我獲益匪淺。

學習的情緒並非總是微笑甘願，有時甚至懷疑憤恨滿臉淚水；學習也不等於學會。

有的東西我們學了一輩子學不好，有的東西就可以一朝被蛇咬十年怕草繩。這和老師的功力，也有相對關係（雖然有人說：「老師爛就自己讀啊」，可是沒有好老師做引導，效率就是差了點。）

「教學相長」，「青出於藍」都是多麼光明美好的成語，這兩個成語，說明了當老師的快樂與成就。

做老師最大的成就，莫過於得天下英才而教之。做學生最大的成功，莫過於被承認是英才。

兩個成語再加上學生感恩的心和老師授與的心，教與學的世界就是這樣單純，一下就明白。

人生會一直和這個教與學的世界扯上關係，我們在學生與老師的角色中互換著。（學生老師沒有年齡限制，在大學教經濟學的教授Steven E・Landsburg 不就常讓正在讀幼稚園的女兒教他生活上的經濟學道理？）

高中之後，我就沒有機會再對我的老師鞠躬，但不同於小時候嘴上在喊，心早已飛，我現在十分想誠心的，向所有在每個階段塑造過我的人，很大聲很大聲的說一句：「謝謝老師！」

　　　　　　　　　　　　　　　　　　　　　　　　　　　　　　　　　　　　　　工作

工作語錄18：對自己人生認真負責的同時，我們可能正在影響別人，做別人的老師。

 上一頁

**親愛的工作：**

　　拉丁區（Quartier Latin）是法國大學生集結的地方。這裡有無憂的年輕活力，也吸引著不是大學生的觀光客和當地人，尤其週末。

　　在這裡除了可以看見四處走動的牛仔褲球鞋，還可以看見文具店書店、咖啡館、小酒館，和便宜的衣服鞋子。

　　在聖米歇爾大道（St-Michel）上有幾所學校，但我找不到明顯的告示牌告訴我到了那裡，這裡的建築都老舊沉著，這裡的學校感覺不太像學校，像街頭的風景。

　　從地鐵站鑽出地面，我在十字路口上的一家鞋店停下，加入一群擁擠的年輕女生行列，在鞋店外的一花車牛仔涼鞋旁穿脫選擇，比起歌劇院區（Quartier de l'opera），真是挺划算的價格呢！

　　轉身隨著另一個人群走進左邊的小巷，這個小巷的路口竟有一扇鑲著金飾花紋的黑色鐵門。

　　小巷兩旁排列著小店，有的賣毛線、有的賣洋娃娃、有的賣奇奇怪怪各色各樣的燈。還有一家「小王子」專賣店，裡面全是關於小王子的東西，小王子筆計本、小王子信封信紙、小王子吊燈、小王子風鈴。

a brave, a player, a sculptor
seek for faith, hunt for flickering smiles, win an encore

拉丁區咖啡座的花語人潮

幽幽的小巷只能容納一來一回的兩排人，但因為整整齊齊所以不覺得擁擠；每家小店都有十足引人目光的本領，讓小巷反而非常安靜，有別大街喧嘩。

小巷的盡頭也有一扇相同的門，門外的牆上說明著門關和門開的時間，原來這條小巷七點整就不再讓任何人進出。

我在五點左右離開拉丁區，近十點又再度回來。果然，整個拉丁區愈晚愈熱鬧，街燈已經點亮，音樂已經繚繞。我想來喝點飲料，沾點法式的情調。

拉丁區有許許多多的小巷，我在另一條小巷裡想找一間店坐下，但幾乎每一家都客滿了。店內坐滿了人，店外坐滿了人，店外的椅子擺得很擠，讓巷子都變窄了。

也許是因為半數的巴黎人都來了，也許是因為每間店都小得只能放進四、五張桌子。

最後終於讓我發現了可以歇腳的地方，我走進去。

對桌是一群學生，十來個人，男女都有。

我猜他們是學生，因為桌上除了飲料，還攤著幾本厚重的書，椅子上散著幾個大背包。

那幾個男生旁若無人的大聲高談闊論，有時互相打來鬧去，有時一起大笑，看我進來便很開心地表示歡迎，手舞足蹈地同我打著招呼，

拉丁區咖啡座的花語人潮

問我從那裡來。

　我和他們嘻笑了一陣，其中一個男生突然很正經地說了一句：「So you are made in Taiwan．」大夥兒都笑了，我也笑了，然後還他很正經的一句：「Yes，I am made in Taiwan．」

　在問了我到過那裡玩，還要去那裡之後，我們互祝對方幸福快樂，接著他們一群人浩浩蕩蕩地離開了這家小酒館。

　我目送著他們，竟然聽到他們在行走的路上，一同哼著不成調的歌曲。

　這真是一群快樂的孩子，我想起自己讀大學的時候，在校園旁的冰店裡，也是這樣放肆

的。

　突然覺得羨慕。

　「舊時無處不堪尋，無尋處，只有少年心。」

**思念的出走**

a brave, a player, a sculptor
seek for faith, hunt for flickering smiles, win an encore

拉丁區咖啡座的花語人潮

**親愛的工作：**

　　四面佛位在曼谷繁華的馬路交叉口上，轟隆的機汽車就在此明目張膽的呼嘯。

　　很像台北的行天宮，也像柏林的威廉大帝紀念堂（Kaiser Wilhelm gedachtniskirche）。

　　同樣香火鼎盛、善男信女，同樣車水馬龍中香煙裊裊、鐘聲繚繞，是亂世裡定心的鎮符，是鬧市裡出塵的蓮花。

　　這讓我想到高雄的佛光山和在香港要乘船、要乘小巴、要爬千階梯才可親臨的大佛。

　　雖然和神佛間的距離應該只是在自己的心裡。

　　關於四面佛，有很多的故事。

　　向四面佛許願的人，如果達成願望，就一定要回去還願，否則會遭厄運。

　　傳說四面佛的聲名大噪，乃是因為警察在四面佛前抓到一位脫衣舞女郎。

　　跳脫衣舞的女郎原來職業並不是跳脫衣舞的，她只是一個不是那麼誠心，但仍為求財富而來的女人。

　　女郎許下心願並開玩笑的說，願跳脫衣舞酬神，因為實在未曾想到美夢會成真。

車水馬龍四面佛

只是她沒料到金錢真的滾滾而來，她不想去做跳脫衣舞這種難為情的事，但時間一拖，她開始失去所有得到的金錢。

　　女郎的心開始慌張，好不容易下定決心跳一場脫衣舞，希望能彌補自己的不敬。

　　還是難為情啊，只好選擇在一個大清早沒有人的時候罷。但就這麼巧的，警察發現了衣衫幾乎褪盡的女郎而將她送入警局。

　　於是有人玩笑的說，四面佛是貪戀女色的，但四面佛的靈驗卻這麼傳開了。

　　也許只是導遊穿鑿附會，好讓遊客精神振奮、哈哈大笑的故事，但很奇怪的，自從12歲聽過這個故事，印象就一直深刻，對於四面佛也從此非常敬畏。

　　來曼谷一共三次，每次都來參拜四面佛，為的就是感恩與心安。

　　和環繞在旁的小販買了蠟燭與鮮花，我心裡默唸後插上蠟燭，掛上鮮花，一面一面的拜。

　　四面佛有四面臉，每面臉代表不同的意義：事業、姻緣、健康、財富。

　　我從沒有許下什麼驚天動地的心願，我的心願不外是自己和爸爸媽媽的身體健康，平安幸福（也許就是因為太過相信四面佛的神力，反而不敢許太過具體的心願！）

車水馬龍四面佛

不過想想，什麼心願可以比身體健康，平安幸福更貪心，更驚天動地？

　總相信四面佛曾為我消災解厄，以換來今日安然歸來，所以我很努力的虔誠。

　燠熱的泰國很容易讓人心浮氣躁，但閉眼祈福時我覺得心境平順無痕。

　從四面佛那兒離去，我不願把手掌上滴染到蠟燭的痕跡洗去，雖然旁有SOGO百貨、麥當勞和31冰淇淋，要找廁所並非很困難。

　我只是想多留一些燭火燃燒的味道，那讓我覺得，聞起來好像多留著一份寓意深長的庇佑和神氣佛心。

**思念的出走**

車水馬龍四面佛

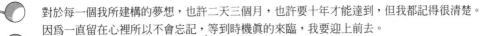

## 寫在往桃園機場的路上…

對於每一個我所建構的夢想，也許二天三個月，也許要十年才能達到，但我都記得很清楚。

因為一直留在心裡所以不會忘記，等到時機真的來臨，我要迎上前去。

到安哥拉治去釣魚（北極光？如果能看到的話。我總缺乏著這類的運氣，好比在阿里山等不到日初）；到南非騎駝鳥，到韓國去探訪近六年未見的好友（六年不見，不知還認不認得？），到上海看看爸爸出生的地方，都是我的夢想。這些老夢想，存放都有三、五年了罷！

存放夢想的地方還一直有新的夢想添加進來。最新的一個是到四川的鬼城去（因為傳說那裡有一扇分隔陰陽兩界的門）。

夢想不論新舊，我就是知道，它們都將被一一實現。

因為我是堅持的，自信的——出走。

每一次出走我都很認真。

每一次出走我都要留下記錄。

因為每一次出走，都是我成長的痕跡。

我一直在累積著經驗教訓，一直在尋找屬於自己，最好的出走方式；有些堅持，已經成為習慣。

行李箱在「去」的時候，一定要預留近三分之二的空間，好讓我可以安心地裝載填充；palm一定要放進隨身手提袋，裡面一定要download很多電子書；我的palm是筆記本，也是入睡前的褪黑激素。

每一次出走裡，有些東西是一直都相同的，像出發前總翹首盼望；回程時總歸心似箭！每次都會很心急：「為什麼機場不能在台北？離家近一點？好讓接駁旅行的醞釀期，可以縮短些。」

其實每個地方的機場，都和最繁華熱鬧的市中心相隔一段距離。

也有些東西是一直在改變的。我相信自己，就正是在經歷「看山是山」、「看山不是山」、「看山還是山」的過程。

因為非常地愛哭善感（有人告訴我，是因為生的一副淚珠眼。）感情往往收拾不好，即便很努力很努力要學習雲淡風輕，都做不到。

隱藏不了所有的情緒，於是滿溢的，便成了一張張明信片。

明信片的正面是風景，背面也是風景，正面要用眼看，背面，要用心看。

當你的眼和心都在這裡，非常謝謝你在我的身邊，成為我的知己。

出走

## 希望是禿鷹

工作說，如果可能，他希望變成一隻禿鷹。

除了喜歡禿鷹的銳眼、雙翼，和優美無聲的水平飛行，最重要的一點是，禿鷹只會安份的吃腐屍。

禿鷹是食物鏈裡的最終端（不包括隨時都跟著呼吸一起存在的細菌的話！）牠們終結所有的環環相剋與鯨吞蠶食。牠們只吃屍體，只吃靈魂已離開的軀殼，彷彿早已知道有知有覺的靈魂間的相殘，是這個世界為什麼一直還在動亂循環的原因。

禿鷹還是被牽絆在食物鏈裡，但不論是生產者還是消費者，都不曾注意著牠。模樣兇殘卻不是生者的威脅，嚴守在自己的規則裡，禿鷹是紅塵裡的出世。

我聽見工作心裡的落寞與渴望，儘管他總是那麼奮力的在每個不同的食物鏈裡掙扎，甚至還野心勃勃地想創造一個新的食物鏈。

每當與工作見面，多半是我準備去旅行，或是工作準備再度工作的時候。

只能匆匆見面，瞬間分開，因為只要我們共同存在於某個情況下，反而工作不能工作，出走不想出走，而得到很沉重，很不愉快的結果。

我記得二年前有過一次這樣的狀況，工作丟了工作，也一直找不到工作，我以為到夏威夷休息一陣子會好些，但事實上，心卻煩亂的不得了。

工作說我是詩人，詩人也有靈感枯竭罷筆不寫的失落；工作說他是戰士，戰士也有彈盡源絕突然想家的失落。

我很想好好地、緊緊地擁抱著工作，雖然我總是錯失機會，雖然他了解我想給他的溫度。

如果工作希望像禿鷹，那麼我願意成為他的翅膀。我總努力地飛，高到可以暫時看不見雲端下的滾滾俗事，遠到可以暫時在另一方淨土上歇腳，當他必須再回到草原上與獵物、獵人追逐時，能成為一隻神采飛揚的獅子。

我們是生命的共同體，互相需要也互相尊重，和平地守護著我們所居住的身體。

出走

## 喜歡做的事

我對於霹靂布袋戲非常的入迷,從小學一年級,每天中午12點半的〈七彩霹靂門〉、〈霹靂勇士〉到現在的〈霹靂英雄榜〉。小時候我挺愛玩的一個遊戲,是搜集很多的空養樂多瓶,把它們倒過來接上手帕做成克難式布偶,然後和弟弟玩起刀光劍影,鏗鏗鏘鏘的廝殺。我最喜歡當銀弓血飛狐和獨眼龍,現在我則常到霹靂網站上看留言板,並找尋支持臥雲先生和魔師傲神洲的聲音!

電影聖石傳說上映時,我告訴媽媽,其實我最大的夢想是替霹靂布袋戲做marketing,一同為進軍好萊塢努力時,把我媽嚇了兩大跳!

我是在做marketing,但不是布袋戲。 不過我的台語倒是看布袋戲學的(這可能是我的台語總是有一股江湖味的原因!:))

我相信生命裡有些東西,心裡想的和手上拿的會不一樣,也知道當心裡想的變成手上拿的,可能感覺還是不一樣。

只是拿不到手的心裡愈想。這就是為什麼「遺憾」與「夢想」可以永遠存在。

人生要學捨得,要學看開,要學約束,要學追求。

喜歡做的是興趣,正在做的是事業。

理想的狀態下,人的一生50%花在興趣,50%花在事業,只是每個階段的比重不一樣。隨著時間的累積,興趣與事業都會朝專業的方向走去,有時候興趣與事業的界線會愈來愈模糊,有時興趣與事業的界線會愈分愈清楚。大部份的人總想要成就事業與興趣的兩全,希望事業是興趣,興趣是事業。

　　我從三歲開始學鋼琴一直到國中畢業，我很喜歡彈鋼琴，卻因為要聯考和近視的問題放棄。雖然我的鋼琴老師說我有天生的音感，一直遊說媽媽讓我往音樂這條路上走。

　　我是一個很喜歡講道理的人，但我不常跟人講道理。我總會事先假設和我相對的人，可能很沒耐心，可能沒有聽道理的心情，或者也有一肚子的道理要說。

　　人生還是美好的。

　　現在我還是有霹靂布袋戲可看，還是有機會毛遂自薦；我的鋼琴還在，心煩氣燥時可供我敲敲打打。

　　美好的形式不是只有一種。

　　雖然我沒有拿教鞭講道理，沒有站在講臺上講道理，但我還可以email給出走，陳述我的長篇歪論，同時cc給那麼多人。

　　竭誠歡迎認同或批評的聲音，有時我們需要藉由別人的道理，知道世界有多寬廣。

　　　　　　　　　　　　　　　　　　　　　　　　　　　　　　　　　　　工作

# 每個人身體裡的出走和工作

每個人的身體也都住著出走和工作。
出走同樣寫明信片，工作同樣愛說道理。

明信片可以用照片寫，用喜歡搜集的東西寫，也可以用文字寫。
有時候會在突然的回憶裡發現被遺忘的明信片。

工作永遠在老生常談，做父母對子女說教，做朋友對朋友說教，做資深員工對資淺員工說教。
工作說的一口好人生。

身體裡的世界時時有精采發生，我只是個記錄而已。

# 讀者回函卡

謝謝您購買這本書，爲了加強對您的服務，請您詳細填寫本卡各欄，寄回大塊出版 (免附回郵) 即可不定期收到本公司最新的出版資訊。

姓名：_____ 身分證字號：_____

住址：_____

聯絡電話：(O)_____ (H)_____

出生日期：_____年_____月_____日 E-mail: _____

學歷：1.□高中及高中以下　2.□專科與大學　3.□研究所以上

職業：1.□學生　2.□資訊業　3.□工　4.□商　5.□服務業　6.□軍警公教
7.□自由業及專業　8.□其他_____

從何處得知本書：1.□逛書店　2.□報紙廣告　3.□雜誌廣告　4.□新聞報導
5.□親友介紹　6.□公車廣告　7.□廣播節目8.□書訊　9.□廣告信函
10.□其他_____

您購買過我們那些系列的書：
1.□Touch系列　2.□Mark系列　3.□Smile系列　4.□Catch系列
5.□PC Pink系列　6□tomorrow系列　7□sense系列　8□天才班系列

閱讀嗜好：
1.□財經　2.□企管　3.□心理　4.□勵志　5.□社會人文　6.□自然科學
7.□傳記　8.□音樂藝術　9.□文學　10.□保健　11.□漫畫　12.□其他____

對我們的建議：_____
_____
_____

105 台北市南京東路四段25號11樓

廣 告 回 信
台灣北區郵政管理局登記證
北台字第10227號

請沿虛線撕下後對折裝訂寄回，謝謝！

# 大塊文化出版股份有限公司　收

地址：□□□ ＿＿＿＿＿＿市／縣＿＿＿＿＿＿鄉／鎮／市／區
＿＿＿＿＿＿路／街＿＿＿段＿＿＿巷＿＿＿弄＿＿＿號＿＿＿樓
姓名：

編號：CA033　書名：恐龍灣裡自由的魚

LOCUS

LOCUS

LOCUS

LOCUS